全国技工院校市场营销专业任务驱动型教材（高级技能层级）

全国高等职业学校市场营销专业教材

JINGJIXUE JI YINGYONG

经济学及应用

（第二版）

主　编：金　焕

主　审：方　芳

中国劳动社会保障出版社

图书在版编目(CIP)数据

经济学及应用/金焕主编. -- 2版. -- 北京：中国劳动社会保障出版社，2018

全国技工院校市场营销专业任务驱动型教材. 高级技能层级 全国高等职业学校市场营销专业教材

ISBN 978-7-5167-3510-7

Ⅰ.①经… Ⅱ.①金… Ⅲ.①经济学-高等职业教育-教材 Ⅳ.①F0

中国版本图书馆CIP数据核字(2018)第146102号

中国劳动社会保障出版社出版发行

（北京市惠新东街1号 邮政编码：100029）

*

北京市科星印刷有限责任公司印刷装订 新华书店经销

787毫米×1092毫米 16开本 10印张 193千字

2018年7月第2版 2025年5月第9次印刷

定价：21.00元

营销中心电话：400-606-6496

出版社网址：http://www.class.com.cn

http://jg.class.com.cn

简介

本书为国家级职业教育规划教材，适用于全国技工院校市场营销专业（高级技能层级）和全国高等职业学校市场营销专业，由人力资源社会保障部教材办公室编写。

本书从营销人员必备的经济学理论知识入手，主要介绍了经济学应用的方法和范围，具体内容包括：认识经济学、价格理论、消费者行为理论、厂商理论、市场理论、分配理论、国民收入决定理论、失业与通货膨胀理论、宏观经济政策等。本书采用了任务驱动的编写思路，将理论知识融入到具体的任务情境当中，帮助学生更好地理解和掌握所学知识。

本书配有电子课件，可通过职业教育教学资源和数字学习中心（http://zyjy.class.com.cn）免费下载。

本书由金焕任主编，林柳林、周维良、沙蓓蓓、陈园园参加编写，方芳任主审。

目录 CONTENTS

模块一　认识经济学

知识目标

- 掌握经济学的定义
- 掌握经济学的研究内容

相关知识

一、经济学的定义

经济学是研究稀缺资源配置问题的一门科学，即个人、企业、政府以及其他组织在经济活动中如何利用稀缺资源作出最优选择的科学。

要正确理解这一定义，首先要认识资源的稀缺性。

1. 资源的稀缺性

资源的稀缺性是指相对于人类无限增长的需求而言，经济物品以及生产这些物品所需要的资源总是不足的，这种资源的相对有限性就是稀缺性。例如，石油、淡水、风能等资源，虽然绝对数量很大，但是对于人类的无限需求而言，总是存在不足，因此它们都是稀缺资源。

资源的稀缺性存在于人类社会的任何时期和任何类型中，无论是贫穷的国家还是富裕的国家，资源都是稀缺的。

2. 选择的问题

由于资源具有稀缺性，因此，人们在经济活动中就面临选择，即如何利用有限的既定资源去最优化地安排生产，以便更好地满足人们的需要。

经济学中经常用“大炮与黄油的矛盾”来阐述资源稀缺性及选择的问题。其中，大炮代表军费开支，黄油代表民用开支。假设有一个经济体，只生产大炮和黄油这两种经济物品。由于资源总量有限，多生产大炮就要少生产黄油，多生产黄油就要少生产大炮。那么，生产大炮还是生产黄油，各生产多少，如何生产，如何分配，就是典型的选择问题。

“选择”问题，即“生产什么、如何生产、为谁生产”的问题，被称为资源配置问题。

3. 资源利用

经济学的研究目标就是实现资源配置的最优化，即最大限度地利用稀缺资源生产出更多的物品，这就是资源利用。资源利用要回答以下三个问题：

（1）如何使稀缺的资源得到充分利用？这在经济活动中体现为“充分就业”问题。

（2）如何保持货币的稳定性？现代社会是一个以货币为交换媒介的商品社会，货币购买力的变动对资源利用问题影响巨大，这在经济活动中体现为“通货膨胀”问题。

（3）经济活动为什么会有周期性波动？如何用既定资源实现持续增长？这在经济活动中体现为“经济波动与经济增长”问题。

4. 生产可能性

生产可能性是指以既定资源生产两种产品时，由于对资源进行各种不同的分配，使得两种产品的产量有多种可能的组合。这些可能的组合，即为生产的可能性。

以“大炮和黄油的矛盾”为例，假设一个国家将全部资源只用于生产大炮和黄油两种物品。在资源既定的条件下，如果只生产大炮可以生产 15 万门，只生产黄油可以生产 5 万吨。在这两种极端的可能性之间，还存在着多种不同的数量组合。例如，可能存在 A、B、C、D、E、F 六种组合方式，见表 1—1。

表 1—1　　大炮和黄油的生产组合

可能性	黄油（万吨）	大炮（万门）	可能性	黄油（万吨）	大炮（万门）
A	0	15	D	3	9
B	1	14	E	4	5
C	2	12	F	5	0

根据表 1—1，可以做出大炮和黄油的生产可能性曲线，如图 1—1 所示。图中，连接 *A*、*B*、*C*、*D*、*E*、*F* 点的 *AF* 曲线是在资源既定的条件下所能达到的大炮与黄油产量最大的组合，被称为生产可能性边界。*AF* 曲线还表明，多生产一个单位的大炮（或黄油）要放弃多少单位的黄油（或大炮），因此 *AF* 曲线又被称为生产转换线。在 *AF* 曲线内的任何一点（如 *G* 点）上，大炮与黄油的组合也是资源既定条件下所能达到的，但并不是最大数量组合，即资源没有得到充分利用。在 *AF* 曲线外任何一点（如 *H* 点）上，大炮与黄油的组合是更大数量的组合，但在现有资源条件下无法实现。

二、经济学的研究内容

经济学一般分为微观经济学和宏观经济学，其中微观经济学研究的是资源配置问题，宏观经济学研究的是资源利用问题。

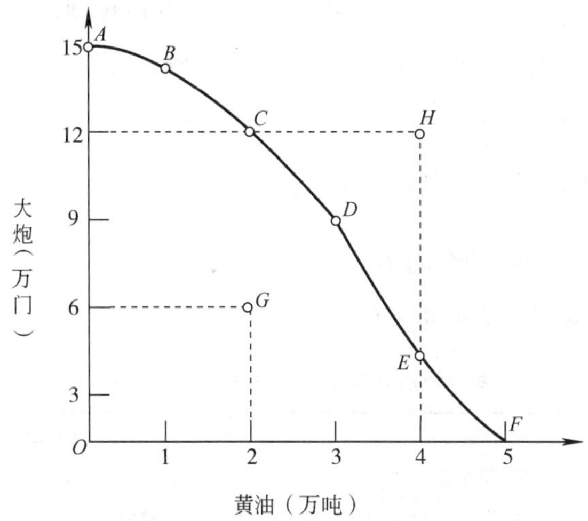

图 1—1　大炮和黄油的生产可能性曲线

1. 微观经济学

微观经济学的研究角度是从“小”入手，研究个人、家庭和企业的经济行为，研究构成经济整体的每个单位的经济行为及单位经济变量的变动。例如，为什么汽油价格上升会影响汽车的销量？为什么相同配置的手机，有的品牌定价更高却销售更好？

2. 宏观经济学

和微观经济学相反，宏观经济学研究的是整个社会经济活动的总图景、总因素、总体经济问题和经济变量中的总量。其中，总体经济问题包括经济的稳定和增长、经济周期、通货膨胀、国家财政、国际收支和贸易差额等。经济总量包括国民收入、国民生产总值、全社会消费水平、总体物价水平、失业率等。

经济学的研究内容如图 1—2 所示。

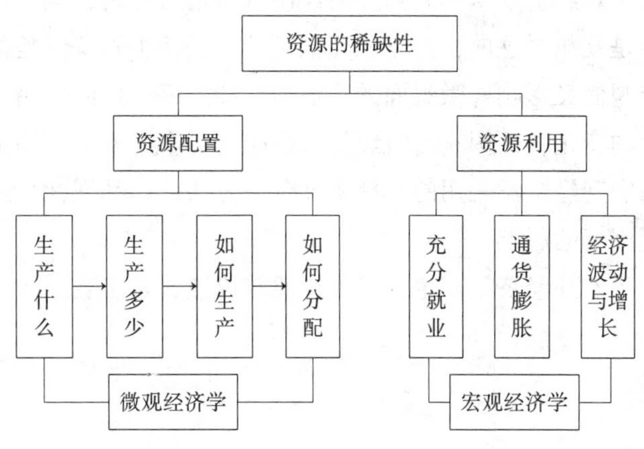

图 1—2　经济学的研究内容

本书根据上述内容来设定各个模块的学习内容，包括：根据消费者行为理论决定生产什么，根据供求理论决定生产多少，根据厂商理论和市场理论决定怎样生产，根据分配理论决定如何分配，根据失业与通货膨胀理论解决就业和通货膨胀的问题，根据宏观经济政策和国民收入决定理论解决经济波动与增长的问题。

三、微观经济学与宏观经济学的关系

1. 微观经济学和宏观经济学的区别

微观经济学和宏观经济学的主要区别见表1—2。

表1—2　微观经济学和宏观经济学的主要区别

项目	微观经济学	宏观经济学
研究对象	研究单个经济单位，如家庭、厂商等	研究整个经济的运行方式与规律
研究目标	解决资源配置问题，即生产什么、如何生产和为谁生产的问题，以实现个体效益的最大化	把资源配置作为既定前提，研究社会范围内的资源利用问题，以实现社会福利的最大化
研究方法	个量分析，即研究经济变量的单项数值如何确定	总量分析，即对能够反映整个经济运行情况的经济变量进行分析，包括经济变量的变动及其相互关系等
基本假设	基本假设是市场出清、完全理性、充分信息，认为“看不见的手”能自由调节实现资源配置的最优化	假定市场机制是不完善的，政府有能力调节经济，通过“看得见的手”纠正市场机制的缺陷
基本理论	基本理论包括消费者行为理论、生产理论、分配理论、一般均衡理论、市场理论、产权理论、福利经济理论等，中心理论是价格理论	基本理论包括失业与通货膨胀理论、经济周期与经济增长理论、开放经济理论等，中心理论是国民收入决定理论

2. 微观经济学和宏观经济学的联系

微观经济学与宏观经济学是相辅相成的，二者互相补充，互相渗透，共同组成了经济学的基本原理。

微观经济学与宏观经济学从不同角度对经济现象进行分析，是看待同一种事物的两种方法。它们并不是互相对立的，而是相互依存的。经济个别单位是构成整体经济行为的基础，而经济宏观面又影响着微观面的决策。例如，每个厂商雇用工人决策的变化造成了全社会失业率的变化，而国家宏观经济又影响着每个厂商对雇用工人的决策。

微观经济学与宏观经济学采用的都是实证分析方法，即都把社会经济制度作为既定因素，不涉及制度因素的影响。

微观经济学先于宏观经济学产生，发展得比较成熟，是宏观经济学的基础。

思考题

1. 怎样理解经济学的本质？

2. 生产可能性曲线是指什么？

3. 结合身边常见的经济现象，分析哪些属于微观经济学，哪些属于宏观经济学。

知识链接

亚当·斯密与现代经济学的诞生

亚当·斯密（Adam Smith，1723—1790）是英国古典政治经济学的代表人物之一。他的代表作《国富论》（全称《国民财富的性质和原因的研究》）被翻译成多种文字，在全球发行。他本人也被奉为现代经济学的鼻祖。

《国富论》是一部划时代的巨著，它概括了古典政治经济学在形成阶段的理论成就，最早系统地阐述了政治经济学的各个主要学说。

模块二　价格理论

任务1　价格的形成

知识目标

- 掌握影响需求和供给的因素
- 掌握均衡价格和均衡数量

能力目标

- 能运用需求定理与供给定理分析需求数量与供给数量的变动
- 能分析需求和供给变动对均衡价格的影响

任务引入

在中国电商发展历程中，价格战几乎无处不在。电商企业用低价策略抢占线下市场，电商企业之间也用低价策略互相竞争。

成功的销售可以总结为9个字——好商品、好服务、好价格。但这三点的重要性在每个阶段各有不同。在一个市场的初级阶段，消费者往往是价格敏感型。随着市场的不断成熟，消费者逐渐会愿意为优质的商品和服务买单。中国现在有许多人正处于消费升级阶段，他们将会逐渐脱离价格敏感，转向优质商品和服务敏感。在这样的大背景下，未来电商企业大打价格战的次数会越来越少。

问题：

1. 为什么电商企业自诞生以来价格战不断？
2. 电商企业大打价格战是运用了什么市场规律？

任务分析

市场是由具有买卖关系的经济实体构成的。在市场中，买卖关系表现为供给和需求两种基本力量。供给和需求是决定市场价格的基本力量，是经济分析的基石。

本案例的实质是引导读者认识供给和需求，了解供给和需求与价格相互作用的关系，了解均衡价格是如何形成的。

相关知识

一、需求定理

下面首先研究需求及其影响因素，进而研究需求量与价格的变动方向，从而得出需求定理。

1. 需求的含义

需求是购买者（包括家庭、厂商、政府等）在每一价格水平愿意并且能够购买的商品和要素的数量。例如，当每斤鸡蛋的价格为 1.8 元时，某市场上的需求量为 200 斤；当价格为 1.9 元时，需求量为 150 斤；当价格为 2.0 元时，需求量为 120 斤；当价格为 2.1 元时，需求量为 80 斤；当价格为 2.2 元时，需求量为 50 斤（1 斤=500 克）。

需求是购买欲望和支付能力的统一，二者缺一不可。

需求可以分为单个需求和市场需求。单个需求是指单个消费者对某种商品的需求，市场需求是指消费者全体对某种商品需求的总和。

2. 影响需求的因素

影响消费者对某种商品需求的主要因素有商品自身价格、相关商品价格等，具体见表 2—1—1。

表 2—1—1　影响需求的主要因素

影响因素		与需求的关系	举例
商品自身价格		反向	汽车价格上升，汽车需求减少
相关商品价格	互补商品价格	反向	汽车价格上升，汽油需求减少
	替代商品价格	同向	进口汽车价格上升，国产汽车需求增加
消费者收入水平		同向	居民收入增加，汽车需求增加
社会收入分配的平均程度		同向	分配平均度提高，汽车需求增加
消费者偏好		同向	消费者偏好某款车型，该款车需求增加
消费者对未来的预期		同向	消费者预计汽车将涨价，汽车需求增加； 消费者预计收入会提高，汽车需求增加

其中，相关商品包括互补商品和替代商品。互补商品是指两种商品互相补充，共同满足人们的同一种需求，如汽车和汽油；替代关系是指两种商品可以互相代替来满足人

们的同一种需求，如茶与咖啡。

除上述因素外，还有其他一些因素也会对需求产生影响，如人口数量、人口结构、政府经济政策等。人口数量的增减会使大部分商品和服务的需求发生同向变化，人口结构变化会带来商品和服务需求结构的变化，政府经济政策调整会刺激或抑制一部分市场需求。

3. 需求函数

如果把影响需求的各种因素作为自变量，用 a，b，c，d，…，n 表示；把需求作为因变量，用 D 或者 Qd 表示，则需求函数可以表示为：

$$D=f(a,\ b,\ c,\ d,\ \cdots,\ n)$$

为了简化分析，假定影响需求的其他因素不变，仅分析商品价格与需求量之间的关系，并以 P 表示价格，则需求函数可以表示为：

$$D=f(P)$$

上式表明了某种商品的需求量 D 是价格 P 的函数。需求函数就是用模型法（或代数表达法）来表述需求这一概念。

需求还可以用需求表和需求曲线更为直观地表示。

需求表是表示某种商品的各种价格与其所对应的需求量之间关系的表格。通过表格将前例中鸡蛋的价格与每一价格所对应的需求量联系起来，就构成了鸡蛋的需求表，见表 2—1—2。

表 2—1—2　　鸡蛋的需求表

	a	b	c	d	e
价格（元）	1.8	1.9	2.0	2.1	2.2
需求量（斤）	200	150	120	80	50

把表 2—1—2 的数据转换到坐标图上，就得到了一个个表示价格和需求量关系的坐标点。假设鸡蛋的价格和需求量是可以无限细分的，就可以得到无数个这样的坐标点，将这些坐标点连接起来，就得到了一条向右下方倾斜的需求曲线，如图 2—1—1 所示。在图中，横轴代表需求量，纵轴代表价格，D 即为需求曲线。

4. 需求定理的内容

从需求表和需求曲线可以看出，某种商品的需求量与其价格是成反方向变动的。这种现象普遍存在，被称为需求定理。

需求定理是说明商品价格与其需求量之间关系的理论。其基本内容是：在其他条件不变的情况下，某商品的需求量与价格成反方向变动，即需求量随着商品价格的上升而减少，随着商品价格的下降而增加。所谓“其他条件不变”，是指除了商品价格外，其他影响需求的因素（如消费者收入、偏好等）都不变。

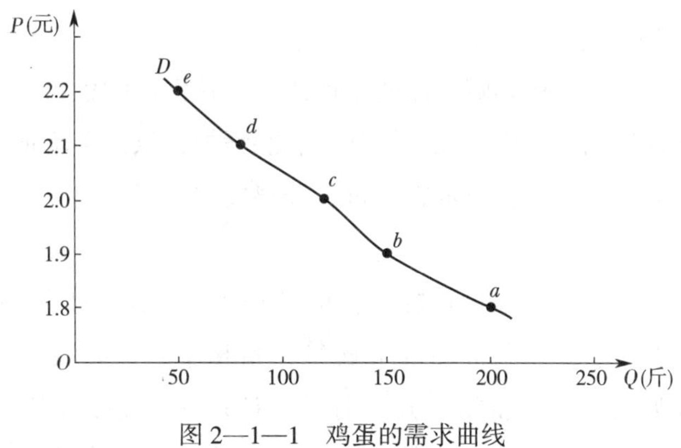

图 2—1—1　鸡蛋的需求曲线

二、供给定理

1. 供给的含义

供给是指在某一特定时期内，在每一价格水平上生产者愿意并且能够出售的商品或服务数量。例如，当每斤鸡蛋的价格为 1.8 元时，某市场上的供给量为 50 斤；当价格为 1.9 元时，供给量为 80 斤；当价格为 2.0 元时，供给量为 120 斤；当价格为 2.1 元时，供给量为 150 斤；当价格为 2.2 元时，供给量为 200 斤。

供给也是供给欲望与供给能力的统一。供给能力中包括新生产的产品与过去的存货。供给分为单个供给和市场供给。单个供给是指单个厂商对某种商品的供给，市场供给是指该商品市场所有单个供给的总和。

2. 影响供给的因素

影响供给的因素很多，既有经济因素也有非经济因素，概括起来主要有：

(1) 厂商的目标

在经济理论中，常常假设厂商以最大利润为经营目标，那么供给就取决于供给量是否能带来最大利润。事实上，厂商也可能以扩大生产规模和市场份额为目标，或者以政治、社会责任为目标，此时供给就会因不同目标而有所不同。例如，在发生自然灾害时，某厂商出于社会责任以成本价出售救灾物资。

(2) 商品自身价格

一般来讲，商品价格越高，供给量越大；商品价格越低，供给量越小。例如，当鸡蛋的价格为 2 元/斤时，某地市场月供给量为 5 万斤；当鸡蛋价格上涨为 3 元/斤时，月供给量增长到 7.5 万斤。

(3) 生产技术

生产技术的提高会使资源得到更充分的利用，从而增加供给。如杂交水稻技术的创新和应用，大大增加了稻米的供给量。

（4）生产要素的价格

生产要素价格的变化直接影响商品的生产成本，从而影响供给。在商品价格不变的情况下，生产要素价格下降，生产成本下降，利润增加，供给会增加；反之，生产要素价格上涨，供给会减少。例如，鸡饲料降价，养鸡成本下降，鸡肉供应会增加。

（5）相关商品的价格

对于互补品，一种商品（如录音机）的价格上升，消费者对另一种商品（如磁带）的需求就会减少，进而引起这种商品（如磁带）价格下降，导致其供给减少。对于替代品，一种商品（如猪肉）的价格上升，消费者对另一种商品（如鸡肉）的需求就会增加，进而引起这种商品（如鸡肉）的价格上升，导致其供给增加。也就是说，一种商品的价格与其互补品的供给成反方向变动，与其替代品的供给成同方向变动。

（6）厂商对未来的预期

厂商对未来经济持乐观态度，会增加供给；持悲观态度，则会减少供给。例如，如果厂商预计下个季度某商品的价格将上涨，则会提高产量，因而供给增加。

3. 供给函数

把影响供给的各种因素作为自变量，用 a，b，c，d，…，n 表示；把供给作为因变量，用 S 表示，则供给函数可以表示为：

$$S=f\ (a,\ b,\ c,\ d,\ \cdots,\ n)$$

为了简化分析，假定影响供给的其他因素不变，仅分析商品价格与供给量之间的关系，并以 P 表示价格，则供给函数可以表示为：

$$S=f(P)$$

同需求一样，供给可用供给表、供给曲线较为直观地表示。

供给表是表示某种商品的各种价格与其所对应的供给量之间关系的表。通过表格将前例中鸡蛋的价格与每一价格所对应的供应量联系起来，就构成了鸡蛋的供给表，见表2—1—3。

表 2—1—3　　鸡蛋的供给表

	a	b	c	d	e
价格（元）	1.8	1.9	2.0	2.1	2.2
供给量（斤）	50	80	120	150	200

把表 2—1—3 的数据转换到坐标图上，就得到了一个个表示价格和供给量关系的坐标点。假设鸡蛋的价格和供给量是可以无限细分的，就可以得到无数个这样的坐标点，将这些坐标点连接起来，就得到了一条向右上方倾斜的供给曲线，如图 2—1—2 所示。

图中横轴代表供给量，纵轴代表价格，S 即为供给曲线。

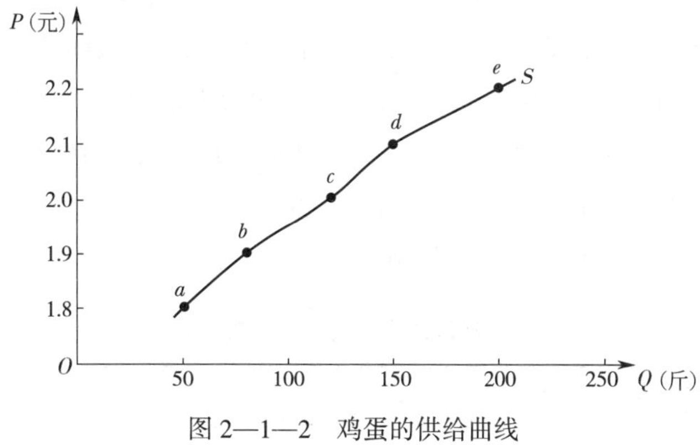

图 2—1—2　鸡蛋的供给曲线

4. 供给定理的内容

从供给表和供给曲线可以看出，某种商品的供给量与其价格成同方向变动。这种现象普遍存在，被称为供给定理。

供给定理是说明商品价格与其供给量之间关系的理论。其基本内容是：在其他条件不变的情况下，某商品的供给量与价格成同方向变动，即供给量随着商品价格的上升而增加，随商品价格的下降而减少。供给定理同需求定理一样，也是在假定影响供给的其他因素不变的前提下，研究商品价格与供给量之间的关系。

三、均衡价格

1. 均衡价格的含义

均衡价格是指一种商品需求与供给相等时的价格。这时该商品的需求价格与供给价格相等，称为均衡价格；需求量和供给量也相等，称为均衡数量。

对均衡价格的理解应注意以下三点：

（1）均衡是指经济中各种对立、变动着的力量处于一种相对静止的状态。在市场上均衡是相对的，不均衡才是绝对的。

（2）决定均衡的力量是需求和供给双方，需求与供给的变动都会影响均衡价格的变动。

（3）市场上各种均衡价格是市场竞争的最后结果，其形成过程是在市场的背后进行的。

2. 均衡价格的形成

均衡价格是在市场上供求双方的竞争过程中自发地形成的。均衡价格的形成过程也就是价格的决定过程。因此，价格也就是由市场供求双方的竞争所决定的。在均衡价格下，需求量等于供给量时的数量被称为均衡数量。假设在市场上有一个叫价者，他先报出每斤鸡蛋的价格为 2.1 元，这时需求量为 80 斤，而供给量为 150 斤，供给量大于需求量，鸡蛋卖不出去，必然降价；他再报出每斤鸡蛋 1.9 元，这时需求量为 150 斤，而供给量为 80 斤，需求量大于供给量，必然提价。叫价者多次报价之后，叫到每斤 2 元，这时需求量为 120 斤，供给量为 120 斤，供求相等，于是就得出均衡价格为 2 元，均衡数量为 120 斤。换言之，市场上自发进行的竞争过程就决定了鸡蛋的价格为 2 元，这是供求双方都可以接受的价格，也就是均衡价格。以上过程见表 2—1—4。

表 2—1—4　　鸡蛋的需求表与供给表

	a	*b*	*c*	*d*	*e*
价格（元/斤）	2.2	2.1	2.0	1.9	1.8
需求量（斤）	50	80	120	150	200
供给量（斤）	200	150	120	80	50

还可以用图 2—1—3 来说明同样的道理。

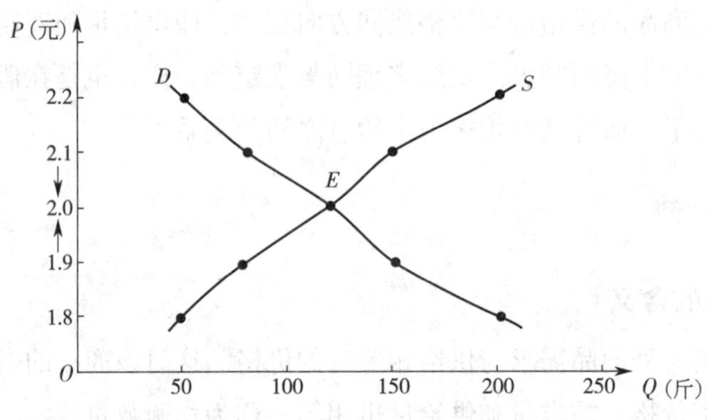

图 2—1—3　鸡蛋的均衡价格与均衡数量

在图 2—1—3 中，如果每斤鸡蛋价格为 2.1 元，需求量为 80 斤，而供给量为 150 斤，供大于求，价格必然按箭头所示方向向下移动；如果价格为 1.9 元，则需求量为 150 斤，供给量为 80 斤，供小于求，价格必然按箭头所示方向向上移动。这种一涨一跌的现象会一直持续下去，直至价格为 2 元时，供求相等，均衡就实现了。此时，需求曲线 *D* 与供给曲线 *S* 相交于 *E*，2 元就是均衡价格。

四、需求与供给变动对均衡价格的影响

均衡价格以及均衡数量是由需求与供给决定的，需求或供给任何一方的变动都会引起均衡价格的变动。

1. 需求变动对均衡价格的影响

需求变动是指在价格不变的情况下，影响需求的其他因素变动所引起的需求变动，这种变动在图形上表现为需求曲线的平行移动。图 2—1—4 体现了需求变动对均衡价格以及均衡数量的影响。

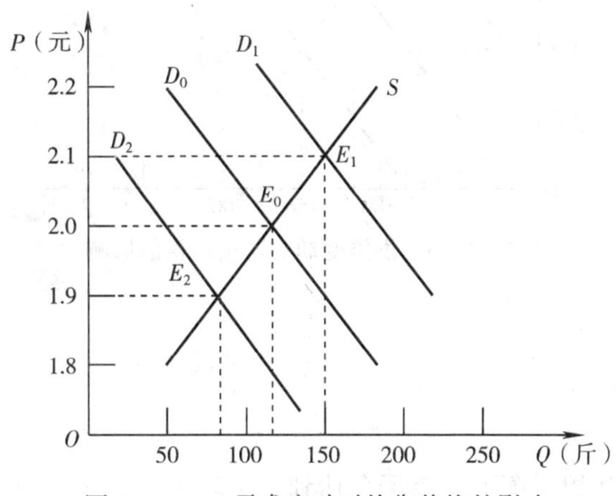

图 2—1—4 需求变动对均衡价格的影响

在图 2—1—4 中，D_0 是最初的需求曲线，D_0 与供给曲线 S 相交于 E_0，决定了均衡价格为 2 元，均衡数量为 120 斤。当需求增加时，需求曲线向右上方移动，即由 D_0 移动到 D_1。D_1 与 S 相交于 E_1，决定了均衡价格为 2.1 元，均衡数量为 150 斤。这表明由于需求的增加，均衡价格上升，均衡数量增加。当需求减少时，需求曲线向左下方移动，即由 D_0 移动到 D_2。D_2 与 S 相交于 E_2，决定了均衡价格为 1.9 元，均衡数量为 80 斤。这表明由于需求的减少，均衡价格下降，均衡数量减少。也就是说，需求变动引起均衡价格与均衡数量同方向变动。

2. 供给变动对均衡价格的影响

供给变动是指在价格不变的情况下，影响供给的其他因素变动所引起的供给变动，这种变动在图形上表现为供给曲线的平行移动。图 2—1—5 体现了供给变动对均衡价格以及均衡数量的影响。

在图 2—1—5 中，S_0 是最初的供给曲线，S_0 与需求曲线 D 相交于 E_0，决定了均衡价格为 2 元，均衡数量为 120 斤。当供给增加时，供给曲线向右下方移动，即由 S_0 移动到 S_1，S_1 与 D 相交于 E_1，决定了均衡价格为 1.9 元，均衡数量为 150 斤。这表明由于供给的增加，均衡价格下降，均衡数量增加。当供给减少时，供给曲线向左上方移动，即由 S_0 移动到 S_2，S_2 与 D 相交于 E_2，决定了均衡价格为 2.1 元，均衡数量为 80 斤。这表明由于供给的减少，均衡价格上升，均衡数量减少。也就是说，供给变动引起均衡价格反方向变动，均衡数量同方向变动。

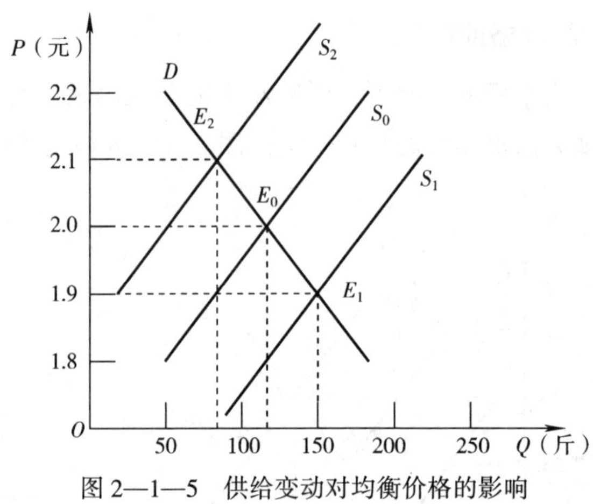

图 2—1—5　供给变动对均衡价格的影响

任务实施

在供给和需求的互相平衡下，市场会达到一个均衡的状态。市场的均衡过程就是需求和供给这两种相反的力量共同作用的结果。当市场价格低于均衡价格时，需求量大于供给量，出现商品短缺，这样该商品的价格必然上升。相反，当市场价格高于均衡价格时，需求量小于供给量，供给过剩，商品价格必然下跌。

在任务引入的案例中，电商企业之所以大打价格战，也是由供求关系决定的。

需求方面，结合影响需求的几类因素分析。首先，从商品价格角度看，电商企业降价可以直接刺激消费者对商品的需求。其次，从相关商品价格角度看，降价可以增加消费者对部分互补商品的需求。最后，从消费者收入和消费偏好角度看，热衷网购的多是收入不高、对价格较为敏感、又偏好新鲜事物的年轻人，降价对提高这部分人群的消费需求效果比较明显。

供给方面，结合影响供给的几类因素分析。首先，从企业目标的角度看，各电商企业为了赢得竞争，打击线上和线下的竞争对手，或是取得轰动效应，不惜低价走量。其次，从商品价格的角度看，由于之前较高的商品价格刺激了生产，在某些行业形成过剩产能和供大于求，企业不得不降价促销。最后，从未来预期的角度看，近年来宏观经济存在一定的下行压力，企业对未来预期不够乐观，为了保证正常的现金流，电商企业也需要降价促销。

综合供需两方面的情况，近年来电商企业大打价格战的根本原因还是市场的供求规律在发挥作用。但随着经济的发展和人们生活水平的不断提高，以及网络销售市场的不断成熟，消费者的偏好逐渐会由价格便宜转向优质服务，由价格敏感转为商品品质和服务敏感，再加上过剩产能的逐步去除等因素，可以预见，今后电商企业的价格战会越来越少。

思考题

1. 什么是需求？什么是供给？影响需求和供给的因素是什么？
2. 什么是均衡价格？它是如何形成的？
3. 小麦价格的变化和大米价格的变化哪个可以影响对大米的需求？画图说明。

知识链接

需求定理的例外情况

需求定理是一般商品在一般情况下的规律，有的特殊商品则常有例外。例如，某些炫耀性商品（如珠宝、项链、豪华型轿车等）是用来显示人的社会地位与身份的，如果价格下降，它们不能再代表这种社会地位与身份，对它们的需求量就会减少。某些珍贵、罕见的商品（如名画、珍邮等）往往是价格越高越显珍贵，从而对它们的需求量就越大。

这些例外的特殊商品属于少数，在大多数情况下，需求定理仍然是有效的。

任务 2　价格的调节

知识目标

- 掌握价格机制及其起作用的条件
- 掌握价格机制的缺陷
- 掌握价格政策

能力目标

- 能运用价格理论分析政府如何进行价格管制

任务引入

2007 年 9 月 26 日，原建设部第 139 次常务会议讨论通过了《廉租住房保障办法》，其中第五条规定：

廉租住房保障方式实行货币补贴和实物配租等相结合。货币补贴是指县级以上地方人民政府向申请廉租住房保障的城市低收入住房困难家庭发放租赁住房补贴，由其自行承租住房。实物配租是指县级以上地方人民政府向申请廉租住房保障的城市低收入住房困难家庭提供住房，并按照规定标准收取租金。

实施廉租住房保障，主要通过发放租赁补贴，增强城市低收入住房困难家庭承租住房的能力。廉租住房紧缺的城市，应当通过新建和收购等方式，增加廉租住房实物配租的房源。

问题：

这一多种保障方式最大限度地体现了市场机制的作用，对此应该怎样理解？

任务分析

社会经济生活中的资源配置是由市场价格来决定的，那么价格如何调节社会经济生活？它有什么作用？又有什么缺陷？应该如何加以调节呢？本案例的实质是通过“廉租住房保障政策”来引导读者认识价格机制在经济中发挥的作用。

相关知识

一、价格机制及对经济的调节作用

1. 价格机制的含义

“机制”是从“机器”与“制动”这两个科技术语中各取一字构成，原意是指机器构造及其制动原理和运行规则。20 世纪 40 年代美国科学家维纳提出控制论后，机制一词被用来说明社会运行、调节的方式和规律。

价格机制包括价格调节经济的条件、价格在调节经济中的作用及价格调节经济的方式，反映了市场经济中价格调节经济的方式及其内在规律。

2. 价格调节经济的条件

价格调节经济需具备三个条件。一是各经济单位作为独立的经济实体存在。经济中的基本单位是消费者和生产者，消费者是能作出独立消费决策的经济单位，生产者是能作出独立生产决策的经济单位，其作为独立的经济单位时有权使用自己的资源或收入，根据最大化原则进行消费或生产。二是存在市场。市场是各经济单位发生交换关系的场所，包括劳动力、商品、资本市场。价格只有在市场上各独立经济单位间的交易过程中才能形成，价格对经济的调节作用通过市场这一渠道来实现。三是市场竞争的完全性。市场买卖双方的竞争自由进行，价格由供求双方自由形成，不受其他因素的影响。如果市场上存在外部干预或垄断行为，价格机制的作用就会受到某种限制。

3. 价格调节经济的作用

价格机制解决了资源配置包含的三个基本问题：生产什么、如何生产和为谁生产。价格调节经济的具体作用表现为以下四个方面：

（1）作为指示器反映市场供求状况

人们很难从数量上观察到市场供求的变动，但可以从价格上观察到市场供求的变动。某种商品的价格上升，说明这种商品的需求大于供给；某种商品的价格下降，说明这种商品的需求小于供给。

（2）价格的变动可以调节需求

消费者为实现效用最大化，会按照价格的变动来改变消费需求。一般而言，某种商品价格下降，会刺激消费者增加购买数量，反之则会减少购买数量。

（3）价格的变动可以调节供给

生产者为实现利润最大化，会按价格的变动来改变生产与销售。一般而言，某种商品价格下降，生产者会减少产量，反之则会增加产量。

（4）价格可以使资源配置达到最优状态

价格调节供需，最终使二者相等，此时消费者的需求得到满足，生产者的资源得到充分利用。社会资源通过价格分配到各种用途上，这种分配使得消费者效用实现最大化和生产者利润实现最大化，这种配置就是社会资源配置的最优状态。

二、价格机制的缺陷

均衡价格形成与变动的过程实际上就是价格调节经济的过程。在现实中，价格的形成及价格对经济的调节是同一社会经济过程。从理论上说，通过价格调节，就可以使资源配置达到最优状态。但在现实中，由于种种条件的限制，价格调节并不一定能达到理论上的这种完善境地。

首先，价格机制发挥作用的前提条件是市场是完全竞争的，不存在垄断与国家干预。但在现实中，市场往往是不完全竞争的。在不完全竞争的情况下，价格并不完全由市场供求关系决定，不能完全迅速地反映供求状况的变动，无法使资源配置最优，社会资源的浪费不可避免。其次，市场竞争带有盲目性与自发性，容易造成供求的不均衡，生产的过剩与不足均会出现，造成资源配置失误。

即使价格的调节能达到理论上完善的境地，从社会或其他角度看，结果也不一定是最好的。这就是经济学中所说的“市场失灵”。为此，通过一定的经济政策来纠正这种失灵就十分必要。

三、价格政策

价格政策就是为了纠正“市场失灵”而采取的政策。价格政策主要有支持价格和限制价格。

1. 支持价格

支持价格是政府为了扶持某一行业而规定的该行业产品的最低价格。支持价格一定高于均衡价格，因此将导致供给量大于需求量，该商品将出现过剩。为维持支持价格，政府就应采取相应措施，包括：一是政府收购过剩商品，用于储备或出口，在出口受阻的情况下，就必将增加政府财政开支；二是政府对商品的生产实行产量限制，但在实施时需有较强的指令性且有一定的代价。

例如，我国在目前的情况下对农业采取支持价格政策是有必要的，对于稳定农业的发展有着积极的意义。第一，稳定了农业生产，减缓了经济波动对农业的冲击；第二，对不同农产品制定不同支持价格，可以调整农业结构，使之适应市场的变动；第三，扩大农业投资，促进了农业现代化的发展和劳动生产率的提高。

2. 限制价格

限制价格是政府为了限制某些生活必需品价格上涨而规定这些产品的最高价格。限制价格一定低于均衡价格，因此将导致需求量大于供给量，该商品将出现短缺，市场就可能出现抢购现象或是黑市交易。为解决商品短缺，政府可采取的措施是控制需求量，一般采取配给制，如发放购物券。但配给制只适用于短时期内的特殊情况，否则，一方面可能会使购物券货币化，出现黑市交易；另一方面会挫伤厂商的生产积极性，使短缺变得更加严重。

所以，限制价格的实行有利于社会的安定，但也有不利作用。第一，价格水平低不利于刺激生产，从而会使产品长期存在短缺现象；第二，价格水平低不利于抑制需求，从而会造成严重的浪费；第三，价格不合理有时是贪污腐败等不良社会现象的经济根源之一。

任务实施

目前，廉租住房主要有实物配租和租金补贴配租两种配租方式。从经济学的角度来分析这两种不同的配租方式，可以发现其各自的优势和劣势。下面从对房屋租赁市场供求影响的角度来分析两种配租方式的经济效果。

假设：①廉租住房保障的面积标准是 X 平方米/人，市场上有 N 个廉租住户；②房屋租赁市场中的均衡价格是 P^*，均衡面积是 Q^*；③由于家庭预算收入的硬约束，单个廉租住户在均衡价格 P^* 能够租到的房屋面积为 Q_0；④当廉租住户对房屋的支付能力与市场上的房屋租赁价格存在缺口时，政府用租金补贴补全缺口，或者通过实物配租补足相对于保障标准 X 之间的缺口。

1. 廉租住房租赁市场中租金补贴对供求的影响

租金补贴是政府通过现金补贴的方式来提高廉租住户个人支付能力，以增加其对廉租住房的消费。

如图 2—2—1 所示，横轴表示租赁房屋的面积，纵轴表示租赁价格，D_0 表示最初时单个廉租住户的需求曲线，S 表示廉租住房租赁市场的供给曲线。由于廉租住户收入有限，只能在租金降低到 P_0 时才能负担得起 X 数量面积的房屋。由于目前租赁市场均衡价格是 P^*，因此存在（P^*-P_0）的租金缺口。假设政府租金补贴量为（P^*-P_0），相当于增加了廉租住户的收入。如果单个廉租住户将租金补贴用于租赁住房，则市场上对房屋的需求就会增加，单个廉租住户的房屋需求曲线向右移动到 D_1，在供给不变仍为 S 的情况下，市场租赁价格将上升，此时均衡价格为 P_1，均衡面积为 Q_1。由此可知，房屋实际消费面积有所增加，增量为（Q_1-Q_0），但廉租住户最后是按照 P_1 的房屋租赁价格租到 Q_1 的房屋面积，达不到 X 的住房保障标准。

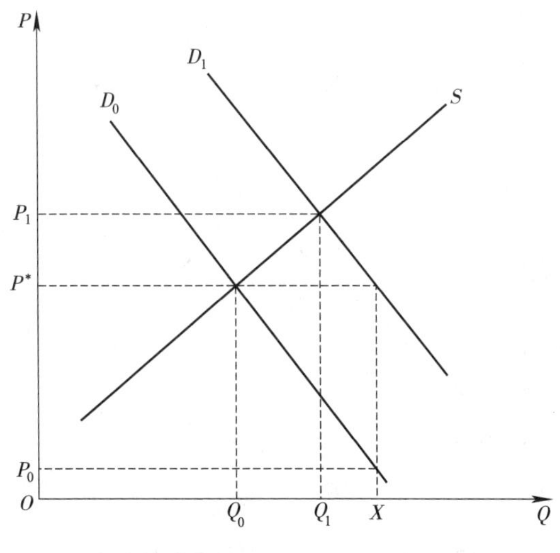

图 2—2—1　租金补贴对供求的影响

因此，如果要使租金补贴配租方式达到理想效果，应该确保以下前提：第一，消费者能在市场上找到低租金的房屋；第二，得到租金补贴的低收入家庭能够自觉将其用于房屋租赁而不是其他用途；第三，市场上租赁房源供给充分。

2. 廉租住房租赁市场中实物配租对供求的影响

实物配租是政府直接定向给廉租住户提供住房，它减少了市场上的房屋租赁需求，从而对市场供求产生影响。

如图 2—2—2 所示，横轴表示租赁房屋的面积，纵轴表示租赁价格，D_0 表示住房租赁市场需求曲线（不同于图 2—2—1 中表示单个廉租住户需求曲线的 D_0），S 表示住房租赁市场供给曲线。设廉租住户数量为 N，单个廉租住户在 P^* 的价格水平上只能消费 Q_0 的面积，则均衡价格下市场上所有廉租住户在 P^* 价格上的房屋消费面积是 $N \cdot Q_0$。鉴于廉租住户的住房保障面积标准为 X，存在（$X-Q_0$）的缺口，政府用实物配租的方式补足该缺口，并将廉租住房租赁价格定在不高于 P_0 的水平上。假设廉租住房以新建为主，廉租租金为 P_0，则廉租住户的需求都能在保障面积标准 X 上得到满足。对整个住房市场而言，由于廉租住房是增量住房定向供给，不纳入市场运作，所以市场房源的供给量基本不变，但由于廉租住户转向保障性公共住房，相当于减少了市场上租赁住房的需求量。市场需求由 D_0 向左移动为 D_2，房屋实际消费量减少，减少量为（Q^*-Q_2）$=N \cdot Q_0$。由此可知，房屋租赁市场的均衡价格和均衡面积将下降。因此，如果要使实物配租方式达到理想效果，需要支持正常供给的市场途径和谨慎筛选廉租住户。

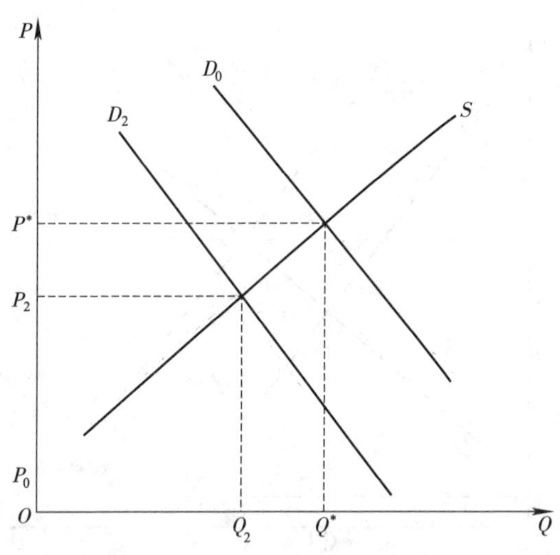

图 2—2—2　实物配租对供求的影响

以上对实物配租和租金补贴配租方式的经济效应分析，明确了两种方式的优势和劣势，为廉租住房制度的创新和完善提供了参考。需要说明的是，实物配租和租金补贴配租都是政府运用经济手段根据供求规律干预住房租赁市场的价格。租金补贴配租方式刺激了住房需求，尽管住房租赁市场价格被推高，但解决了部分低收入人群的居住问题；实物配租方式减少了住房需求，降低了住房租赁市场的价格。但无论提供租金补贴还是增加廉租房供应，两者均需政府增加财政支出。对于政府而言，采取哪种方式解决低收入家庭的住房保障问题，需要综合权衡，具体分析。

思考题

1. 价格机制调节经济的作用和前提条件分别是什么？

2. 什么是支持价格和限制价格？

3. 深圳集装箱运输业运力每年以超过50%的幅度增长，仅在深圳注册的集装箱运输企业就有近2 000家，车辆超过60 000台。但该行业的恶性价格竞争已使行业利润处于极低水平。为此，深圳市集装箱拖车运输协会试行《深圳市集装箱拖车运输业行业公约》。该公约规定，运输企业在经营中不得采取相互压价的方式争夺货源，不得以低于本年度市场指导价15%以下的价格进行恶性价格竞争。该公约的出台能否解决行业利润过低的问题？试画图说明。

任务3　定价的方法

知识目标

➢ 掌握需求价格弹性、需求收入弹性、需求交叉弹性与供给弹性的相关知识

➢ 掌握影响需求价格弹性与供给价格弹性的因素

能力目标

➢ 能运用价格弹性理论分析经济问题及指导企业定价

任务引入

自2015年5月10日起，我国执行新的烟草税收标准。全国卷烟批发环节从价税税率由原来的5%提高至11%，并按0.005元/支的标准加征从量税。受此影响，10元以内的卷烟普遍涨价0.5元，10元左右的涨价1元，20元左右的涨价2元或更高。不少人认为，烟草税的大幅上涨势必会向市场传导，进而达到控烟效果。

事实证明，提高税收对未成年人的烟草消费影响很大，烟草价格提高10%，它在青少年中的销售量就下降了18%。然而，涨价对社会其他群体的影响就明显偏弱。税收提高后，各地多数零售商表示，香烟的销量并没有出现大幅下降。

问题：

为什么香烟涨价后销量却并没有出现大幅下降？

任务分析

前文介绍了供求决定价格以及价格调节经济的基本原理，但并没有深入分析价格变动与供求变动之间的量化关系。价格的变动会引起需求量或供给量的变动，但需求量或供给量对价格变动的反应程度是不同的。有些商品价格变动的幅度大，而需求量或供给量变动的幅度小。本案例的实质是说明价格变动与需求量或供给量变动之间的量化关系。

相关知识

一、需求价格弹性

1. 需求价格弹性的含义

“弹性”是一个物理学概念，是指某物体对外部作用力的反应程度。例如，沙发的弹性大，木头的弹性小。经济学的“弹性”是指因变量变动对自变量变动的反应程度。

需求价格弹性简称需求弹性，是指价格变动的比率所引起的需求量变动的比率，即需求量变动对价格变动的反应程度。例如，香烟价格上涨 10%，它在青少年中的销售量相应下降了 18%。

2. 需求价格弹性的计算

各种商品的需求弹性是不同的，一般用需求弹性系数来表示需求弹性的大小。需求弹性系数 E_d 是需求量变动比率与价格变动比率的比值。如果以 Q 代表需求量，ΔQ 代表需求量的变动量，P 代表价格，ΔP 代表价格的变动量，则需求弹性系数可用下列公式表示：

$$E_d=\frac{\text{需求量变动比率}}{\text{价格变动比率}}=-\frac{\Delta Q/Q}{\Delta P/P}=-\frac{\Delta Q}{\Delta P}\cdot\frac{P}{Q}$$

需要指出的是，通常情况下商品的需求量和价格是成反方向变动的，因此 $\Delta Q/\Delta P$ 一般为负值。为了方便比较，就在公式中加了一个负号，以使需求弹性系数 E_d 取正值。

3. 需求价格弹性的理解

在理解需求价格弹性的含义时要注意以下四点：

（1）在需求量和价格这两个经济变量中，价格是自变量（主动因素），需求量是因变量（被动因素）。

（2）需求弹性系数是相对数之比，不是绝对量之比。

（3）需求弹性系数可正可负，但是通常都取绝对值，即正值。绝对值越大，表示需求弹性越大，即需求量对价格越敏感。

（4）在需求量变动比率与价格变动比率变动很微小的情况下，计算出的需求弹性系数较准确，如果变动较大，所计算出来的需求弹性系数误差就比较大。

根据价格和需求量变动幅度的大小，需求价格弹性分为点弹性和弧弹性，它们都表示需求量变化的比率与价格变化的比率的比值，但涉及的范围有所不同，计算方法也稍有不同。

点弹性是指需求曲线上某一点的弹性，弧弹性是指需求曲线上两点之间一段弧的弹性。点弹性适用于价格和需求量变化极为微小的情况，弧弹性适用于价格与需求量变化都很大的情况。

4. 需求价格弹性的分类

（1）需求对价格完全无弹性

此时 $E_d=0$，即需求量与价格无关。此时的需求曲线为一条垂直于横轴的直线，其需求函数为 $P=a$（a 为一常数），如图 2—3—1 中曲线 D_1 所示。例如，火葬需求不会因为价格下跌而增加。

（2）需求对价格表现为单位弹性

此时 $E_d=1$，即价格变化的比率与需求量变化的比率相等。此时的需求曲线是一条正双曲线，如图 2—3—1 中曲线 D_3 所示。

（3）需求对价格具有完全弹性

此时 $E_d=\infty$，需求曲线为一条垂直于纵轴的直线，其需求函数为 $P=b$（b 为一常数）。例如，在战争年代，政府在给定价格情况下对军火品的需求量是无限的，因此，需求曲线为一条（接近于）与横轴平行的直线，如图 2—3—1 中曲线 D_2 所示。

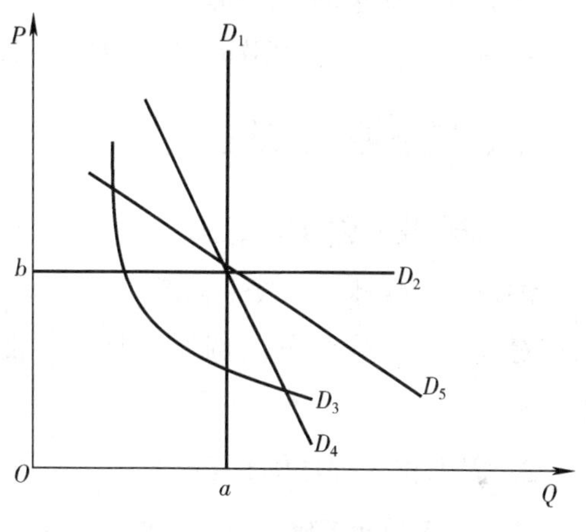

图 2—3—1　需求价格弹性

（4）需求对价格缺乏弹性

此时 $0<E_d<1$，即需求变化的幅度小于价格变化的幅度。例如，生活必需品的需求价格都是缺乏弹性的，如图 2—3—1 中曲线 D_4 所示。

（5）需求对价格具有弹性

此时 $1<E_d<\infty$，即需求变化的幅度大于价格变化的幅度。例如，奢侈品的需求一般都是有弹性的，如图 2—3—1 中曲线 D_5 所示。

出于理论的完备性考虑，上文列举了需求价格弹性的 5 种情形。但实际上，在生活中（4）和（5）最为常见，而（1）（2）（3）属于特例，在生活中较为少见。例如，在生活中很难发现某一商品的价格需求弹性恰好等于1。

5. 影响需求价格弹性的因素

需求价格弹性的大小取决于以下因素：

（1）商品的可替代程度

一般来说，某商品的替代品数量越多，其需求价格弹性越大。

（2）消费者对某种商品的需求程度

一般来说，消费者对生活必需品的需求强度大而且稳定，所以生活必需品的需求弹性就小；而奢侈品、高档消费品的需求价格弹性就较大。

（3）商品在家庭支出中所占的比例

一般来说，在其他条件不变的情况下，某种商品在家庭支出中所占的比例越大，该商品的需求价格弹性越大。

（4）商品的耐用程度

一般来说，使用时间长的耐用消费品需求弹性大，使用时间短的非耐用消费品需求弹性小。

（5）商品用途的广泛性

一般来说，商品的用途广泛，需求弹性就大；用途少，需求弹性就小。

二、需求收入弹性

1. 需求收入弹性的定义

需求收入弹性简称收入弹性，它表示在一定时期内商品需求量相对变动对消费者收入相对变动的反应程度。例如，消费者收入增长了10%，手机的销量可能因此增长了5%。

2. 需求收入弹性的计算

需求收入弹性系数是需求量变动比率与收入变动比率的比值。如果用E_m表示需求收入弹性系数，M表示收入，ΔM表示收入增减量，则需求收入弹性系数的计算公式为：

$$E_m=\frac{需求量变动比率}{收入变动比率}=\frac{\Delta Q/Q}{\Delta M/M}=\frac{\Delta Q}{\Delta M}\cdot\frac{M}{Q}$$

3. 需求收入弹性的分类

（1）需求无收入弹性

即$E_m=0$，这意味着无论消费者收入如何变动，需求量都不变。这时需求曲线是一条垂线，如图2—3—2中A曲线所示。例如，食盐等为此类商品。

（2）需求富有收入弹性

即 $E_m>1$，这意味着需求量的变动幅度大于收入的变动幅度。这时需求曲线是一条向右上方倾斜且比较平坦的线，如图 2—3—2 中 B 曲线所示。例如，高档消费品为此类商品。

(3) 需求缺乏收入弹性

即 $E_m<1$，这意味着需求量的变动幅度小于收入的变动幅度。这时需求曲线是一条向右上方倾斜且比较陡峭的线，如图 2—3—2 中 C 曲线所示。例如，粮食等为此类商品。

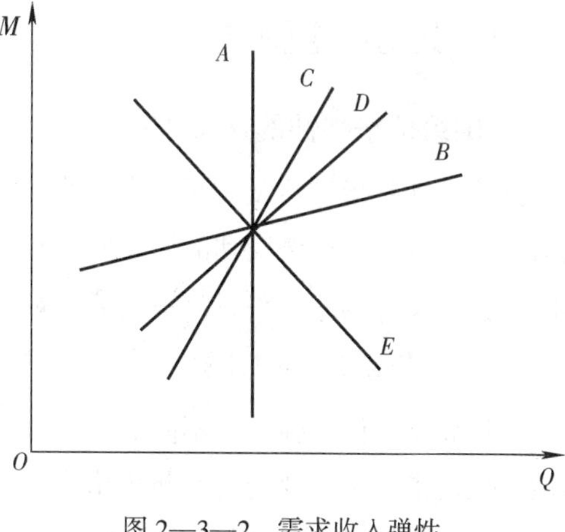

图 2—3—2　需求收入弹性

(4) 需求单位收入弹性

即 $E_m=1$，这意味着需求量的变动幅度与收入的变动幅度相同。这时需求曲线是一条向右上方倾斜且与横轴成 45°的线，如图 2—3—2 中 D 曲线所示。

(5) 需求负收入弹性

即 $E_m<0$，这意味着需求量变动与收入变动成反方向变化，这时需求曲线是一条向右下方倾斜的线。如图 2—3—2 中 E 曲线所示。

在以上 5 种类型中，对正常商品而言 $E_m>0$。如果 $E_m<0$，则表明收入增加后，该商品的需求减少，说明该商品为劣等品。如果 $E_m>1$，表明需求量增加幅度超过收入增加幅度，说明该商品为奢侈品。如果 $0<E_m<1$，表明需求量增加幅度低于收入增加幅度，说明该商品为必需品。

三、需求交叉弹性

1. 需求交叉弹性的含义

商品的需求量不仅对自身价格和消费者收入的变化有反应，而且对其他相关产品的价格变化也有反应，这就是需求交叉弹性。

需求交叉弹性是指在相关的两种商品中，一种商品价格变动的比率所引起的另一种商品需求量变动的比率，即一种商品的需求量变动对另一种商品价格变动的反应程度。例如，汽油价格提高了 10%，汽车的销量可能因此下降 3%。

2. 需求交叉弹性的计算

如果以 E_{xy} 表示 X 商品的需求交叉弹性系数，P_y 表示 Y 商品的价格，ΔP_y 表示 Y 商品价格的变动，则 X 商品的需求交叉弹性系数的计算公式为：

$$E_{xy}=\frac{\Delta Q_x/Q_x}{\Delta P_y/P_y}$$

四、供给价格弹性

1. 供给价格弹性的含义

供给弹性是指供给量对影响供给的因素变化所做出的反应程度。供给弹性通常是指供给价格弹性，是价格变动的比率所引起的供给量变动的比率，即供给量变动对价格变动的反应程度。例如，鸡蛋价格上涨5%，引起鸡蛋供应量增加10%。

2. 供给价格弹性的计算

各种商品的供给弹性是不同的，一般用供给弹性系数来表示供给弹性的大小。供给弹性系数是指供给量变动比率与价格变动比率的比值。设 E_s 为供给弹性系数，P 表示价格，ΔP 表示价格的变动量，Q 表示供给量，ΔQ 表示供给的变动量，则供给弹性系数的计算公式为：

$$E_s=\frac{\Delta Q/Q}{\Delta P/P}$$

形式上，供给弹性公式与需求弹性公式完全相同，只是 Q 所代表的是供给量，而不是需求量。

3. 供给价格弹性的分类

（1）供给完全无弹性

即 $E_s=0$，它表明价格任意变化时供给量不变。它是一条垂直于横轴的直线，如图2—3—3中的 A 曲线所示。如土地、文物、某些艺术品属于此类情况。

（2）供给富有无限弹性

即 $E_s=\infty$，它表示在某一既定价格下，供给者可以无限地提供产品。它是一条平行于横轴的直线，如图2—3—3中的 B 曲线所示。

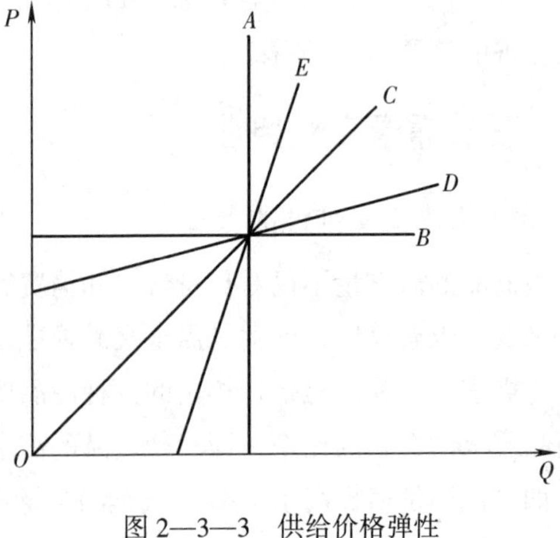

图2—3—3　供给价格弹性

（3）供给具有单位弹性

即 $E_s=1$，此时，价格变动1%，供给量随之变动1%。它是一条过原点并向右上方倾斜的线，表示价格变动的比率与供给变动的比率相同，如图2—3—3中的 C 曲线所示。

（4）供给富有弹性

即 $E_s>1$，它表明如果商品价格变动1%，供给量的变动将超过1%，供给量对价格的变动反应较敏感。它是一条向右上方倾斜且能与纵轴相交的线，如图2—3—3中的 D

曲线所示。

（5）供给缺乏弹性

即 $0<E_s<1$，它表示供给量的变动幅度小于价格的变动幅度，即价格变动1%时，供给量的变动小于1%，供给量对价格变动的反应不灵敏。它是一条向右上方倾斜且能与横轴相交的线，如图2—3—3中的 E 曲线所示。

4. 影响供给价格弹性的因素

（1）生产技术类型

一般而言，生产技术越复杂、越先进，固定资本占用越大，生产周期越长，则供给弹性越小。在价格下降时，这类生产要素不能方便地转移。

（2）生产能力的利用程度

对拥有相同技术的生产者而言，拥有多余生产能力的生产者，供给会更富有弹性。因为他们在价格变动时，特别是价格升高时，更容易调整产量。

（3）生产成本

当产量增加时，如果成本迅速增大，供给弹性就小；反之，生产扩大时成本增加慢，供给弹性就大。

（4）生产者调整供给量的时间（生产时间）

当商品的价格发生变化时，生产者对供给量进行调整都需要一定时间，所需时间越短，则供给弹性越大；时间越长，则供给弹性越小。

五、需求弹性理论的应用

1. 需求价格弹性理论的应用

需求价格弹性的大小同消费者购买该商品时货币支出的变动和生产者总收益的变动都密切相关。价格变动引起需求量的变动，从而引起消费者货币支出的变动。同时，消费者的支出和生产者的收益在量上是相同的，即为价格和销售量（需求量）的乘积。所以，分析需求弹性对总收益的影响实际上也是分析需求弹性对居民总支出的影响。

总收益也称为总收入，指厂商出售一定数量商品所得到的全部收入，即销售量与价格的乘积。如果以 TR 代表总收益，Q 为销售量，P 为价格，则：

$$TR=P\cdot Q$$

按照这个公式，只要提高价格，总收益就会增加；降低价格，总收益就会减少。但实际并不是这样简单，由于各种商品的需求价格弹性不同，所以，价格变化对总收益的影响也不尽相同，具体有以下两种情况：

（1）需求富有弹性的商品需求弹性与总收益的关系

如果某种商品的需求富有弹性，当该商品的价格下降时，需求量（销售量）增加的幅度大于价格下降的幅度，从而总收益（即总支出）会增加；当该商品的价格上升时，需求量（销售量）减少的幅度大于价格上升的幅度，所以总收益（总支出）会减少。

需求富有弹性的商品价格下降而总收益增加，就是一般所说的“薄利多销”。能够做到薄利多销的商品是需求富有弹性的商品。

（2）需求缺乏弹性的商品需求弹性与总收益的关系

如果某种商品的需求是缺乏弹性的，当该商品的价格下降时，需求量（销售量）增加的幅度小于价格下降的幅度，从而总收益（即总支出）会减少；当该商品的价格上升时，需求量（销售量）减少的幅度小于价格上升的幅度，从而总收益（即总支出）会增加。

缺乏弹性的商品价格下降而总收益减少就是生活中出现“谷贱伤农”这一现象的原因所在。在丰收的情况下，粮价下跌，但并不会使需求同比例增加，从而导致总收益减少，农民遭受损失。

2. 需求收入弹性理论的应用

1857年，著名的德国统计学家恩思特·恩格尔阐明了一个定律：随着家庭和个人收入的增加，收入中用于食品方面的支出比例将逐渐减小。这一定律被称为恩格尔定律，反映这一定律的系数被称为恩格尔系数，其公式为：

恩格尔系数（%）= 食品支出总额/家庭或个人消费支出总额×100%

恩格尔定律主要表述的是食品支出占总消费支出的比例随收入变化而变化的趋势。它揭示了居民收入和食品支出之间的关系，用食品支出占消费总支出的比例来说明经济发展、收入增加对生活消费的影响程度。吃是人类生存的第一需要，在收入水平较低时，其在消费支出中必然占有重要地位。随着收入的增加，在食物需求基本满足的情况下，消费的重心才会开始向穿、用等其他方面转移。因此，一个国家或家庭生活越贫困，恩格尔系数就越大；反之，生活越富裕，恩格尔系数就越小。

国际上常常用恩格尔系数来衡量一个国家和地区人民的生活水平。根据联合国粮农组织提出的标准，恩格尔系数在59%以上为贫困，50%~59%为温饱，40%~50%为小康，30%~40%为富裕，低于30%为最富裕。

3. 需求交叉弹性理论的应用

需求交叉弹性用于研究替代品之间或互补品之间价格变动与需求量变动之间的关系。需求交叉弹性系数可以是正值，也可以是负值，它取决于商品间关系的性质，即两种商品是替代关系还是互补关系。

（1）互补商品之间的需求交叉弹性系数 $E_{xy}<0$

对于互补商品来说，一种商品需求量与另一种商品价格之间成反方向变动，所以其需求交叉弹性系数为负值。一般情况下，互补性越强的商品需求交叉弹性系数的绝对值越大。

（2）替代商品之间的需求交叉弹性系数 $E_{xy}>0$

对于替代商品来说，一种商品需求量与另一种商品价格之间成同方向变动，所以其需求交叉弹性系数为正值。一般来说，两种商品之间的替代性越强，需求交叉弹性系数的值就越大。

若两种商品的需求交叉弹性系数为零，则说明两种商品既不是替代品，也不是互补品。

任务实施

“提高烟草税收标准并未导致烟草销量明显下降”是需求弹性理论在政府利用财政政策工具干预市场经济方面的一个典型应用。

香烟的销量和价格这两个变量并不是孤立的，而是相互关联的，其关联性由一条向下倾斜的对香烟的需求线来决定。也就是说，价格越低，需求量越大；价格越高，需求量越小。

同时，对老烟民来说，香烟需求缺少弹性，也就是说，需求量对价格的变化不是很敏感。当政府增加烟草税时，烟草供应商提高烟草价格，将增加的税收转嫁到烟民身上。具体能转嫁多少，取决于烟民对香烟的需求弹性和烟草供应商的供给弹性。当烟草供应商的供给弹性大而烟民的需求弹性小时，较大一部分新增的烟草税会转嫁到烟民身上；当烟草供应商的供给弹性小而烟民的需求弹性大时，较大一部分新增的烟草税会转嫁到烟草供应商身上。然而不管双方的弹性相对大小如何，政府对烟草加税总能使烟草价格上涨。当香烟价格上涨时，老烟民对香烟的需求量会减少，但减少的幅度远小于香烟价格的上涨幅度；青少年烟民对香烟的需求量也会减少，且减少的幅度远大于香烟价格的上涨幅度。这就是香烟提价主要影响青少年烟民香烟消费量而不影响老烟民香烟消费量的原因。由于老烟民的人数远远大于青少年烟民的人数，所以香烟的总销量没有出现明显下降。

思考题

1. 什么是需求弹性？需求弹性有几种类型？

2. 什么是供给价格弹性？影响供给价格弹性的因素有哪些？

3. 每年春运期间，火车票特别紧张，票贩子活动特别猖獗，如何理解这种经济现象？画图说明。

知识链接

蛛网模型

蛛网模型又称蛛网理论，是 20 世纪 30 年代出现的一种关于动态均衡分析的微观经济理论，它是运用弹性理论来分析某些产品（特别是农产品）的价格波动对其下一个周期产量的影响。因绘出的图形形若蛛网，故称为“蛛网模型”。

蛛网模型的基本假设是：商品的本期产量决定于前一期的价格，商品本期的需求量决定于本期的价格；同时，存在一个完全竞争的市场，价格和产量不存在任何人为的限制，且产品本身不易储存，必须尽快出售。因此，蛛网模型常用于分析农产品（如生猪、西瓜等）在较长时期内的价格与产量的变动过程。

按照产品的供给弹性与需求弹性的相对大小，蛛网模型分为产品的供给弹性小于需求弹性（收敛型蛛网）、产品供给弹性大于需求弹性（发散型蛛网）、供给弹性等于需求弹性（封闭型蛛网）三种情况。

西方经济学认为，蛛网模型解释了某些生产周期较长的商品产量与价格波动的关系，尤其适用于分析农产品市场的周期性波动现象。一般而言，农产品的供给量对价格变动的反应大，但市场对农产品的需求较为稳定，对价格变动的反应小，所以存在最广泛的是发散型蛛网。这就是说，如果让农产品市场自发调节，农产品的波动要大于其他商品，这正是各国政府都采取各种政策稳定农业的原因。

模块三　消费者行为理论

任务 1　消费者满意程度的衡量

知识目标

➢ 掌握欲望和效用的含义

➢ 掌握基数效用论和序数效用论

能力目标

➢ 能用边际效用分析法分析实现消费者效用最大化的方法

➢ 能用边际效用递减规律分析现实中的经济现象

任务引入

1944 年 3 月 25 日，罗斯福第四次就任美国总统。《先驱论坛报》的一位记者采访他，就他连任总统之事问他有何感想。罗斯福笑而不答，请记者吃了一个三明治。记者觉得这是殊荣，很快就吃下去了。罗斯福又请他吃第二个，记者受宠若惊，又吃下去了。这时，罗斯福又请他吃第三个，虽然已经吃不下了，但他还是硬着头皮吃了下去。这时罗斯福微笑着说：“我现在已经不用回答你的问题了，因为你已经有了切身的感受。”

问题：

1. 从经济学的角度分析，记者会不会吃第四个三明治？

2. 这个故事揭示了经济学的什么原理？

任务分析

需求产生于消费，是由消费者的消费行为决定的。

消费者做出消费决策的目的是用有限的收入获得最大程度的满足。

任何居民或家庭所做的决策都是为了获得最大满足，即最大幸福，消费的目的也是为了获得幸福。美国经济学家萨缪尔森提出了幸福方程式，即幸福=效用/欲望。在这一方程式中，人的欲望是无穷的，因此，幸福的程度取决于效用的大小，效用越大越幸福。

本案例的实质就是引导读者认识消费者效用是如何衡量的。

相关知识

一、欲望

1. 欲望的含义

欲望是指缺乏的感觉与求得满足的愿望。它是一种心理感觉，是不足之感与求足之愿的统一，两者缺一不可。

2. 欲望的特点

欲望具有无限性和层次性两个特点。

欲望的无限性是指人们的欲望永远不可能完全满足，一种欲望满足之后又会产生其他欲望，即所谓“欲壑难填”。需要强调的是，欲望的无限性是欲望总体不能得到完全满足，而不是指每一种欲望都永远不能满足。

欲望的层次性是指人类的欲望总体尽管是无限的，但不同的欲望又有轻重缓急之分，可以划分为不同的层次。人们总是在满足了或部分满足了较低层次的欲望后，才会产生较高层次的欲望。

欲望虽然是无限的，但却可以有不同的满足程度。欲望的满足程度可以用效用大小来进行比较和计量。因而，研究消费者行为就要研究效用问题。

二、效用

1. 效用的含义

效用是消费者在消费活动中所得到的欲望满足程度，是一种主观的心理感受。消费者在消费活动中获得的满足程度高，就是效用大；反之，就是效用小。在理解效用概念时要强调以下几点：

（1）效用具有主观性

效用是对欲望的满足，因而它和欲望一样，是一种主观心理感觉。同一数量的同一物品，效用大小没有客观标准，完全取决于消费者在消费时的主观感受，它会因人、因时、因地而有所不同。例如，香烟对于吸烟者来讲能满足其吸烟的欲望，因而有效用，而对于不吸烟的人来讲则无效用。一桶水在干旱地区有很大效用，而在水源丰富地区则几乎无效用。

（2）效用不含伦理学判断

只要能满足人们某种欲望的物品就有效用，而这种欲望本身是否符合社会道德规范则不在效用评价范围之内。例如，毒品能满足吸毒者的欲望，单从经济学角度而言，它就有效用。

（3）效用计量可大可小，可正可负

人们的消费活动使人们获得了欲望满足，则获得了正效用；若感受到痛苦或不适，则是负效用。

2. 总效用与边际效用

（1）总效用的含义

总效用是消费者消费一定数量商品所获得的总的满足程度。总效用的英文缩写是 *TU*。在效用分析中，商品消费量（*Q*）是自变量，欲望满足程度（即效用）是因变量。因而，总效用是商品消费量的函数，总效用函数为：

$$TU=f(Q)$$

（2）边际效用的含义

边际是西方经济学中一个非常重要的基本概念。边际的含义是增量，是指自变量增加所引起的因变量的增加量。

边际效用是消费者每增加一单位商品消费所增加的满足程度。例如，对一个饥饿的人来说，他每多吃一张饼所增加的满足程度，就是边际效用。边际效用的英文缩写是 *MU*。

边际效用是商品消费量（自变量）的增加所引起的总效用（因变量）的增量。边际效用公式为：

$$MU=\frac{\Delta TU}{\Delta Q}$$

（3）总效用与边际效用的关系

假定一个消费者连续喝了 5 杯饮料。在此过程中，当消费者饮用第 1 杯饮料时，总效用为 20 效用单位，由没有饮用饮料到饮用 1 杯饮料，消费量增加了 1 单位，效用增加了 20 效用单位。当消费者饮用第 2 杯饮料时，总效用增加到 30 效用单位，所以边际效用为 10 效用单位。以此类推，饮用第 3 杯饮料的边际效用为 5 效用单位。当消费者饮用第 4 杯饮料时，他感觉到满足程度并没有继续增加，饮用第 3 杯饮料与饮用第 4 杯饮料的总效用是相同的，都是 35 效用单位。这时，由于消费者已经不想再喝饮料了，所以总效用也达到了最大值。相应地，第 4 杯饮料的边际效用，即总效用的增量就是 0。如果消费者再饮用第 5 杯饮料，总效用从 35 效用单位下降到 30 效用单位，则边际效用为−5 效用单位，即第 5 杯饮料给消费者所带来的是负效用。以上过程可以用表

3—1—1 表示。

表 3—1—1　　总效用与边际效用的关系

饮料的消费量（Q）	总效用（TU）	边际效用（MU）	饮料的消费量（Q）	总效用（TU）	边际效用（MU）
0	0	—	3	35	5
1	20	20	4	35	0
2	30	10	5	30	−5

根据表 3—1—1，可以进一步用图 3—1—1 和图 3—1—2 表示总效用和边际效用。

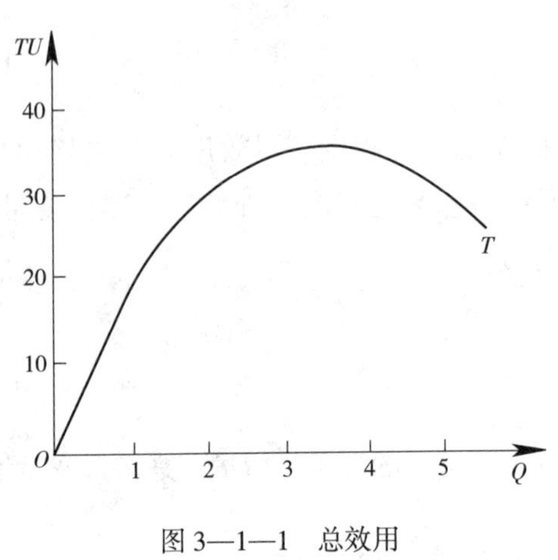

图 3—1—1　总效用

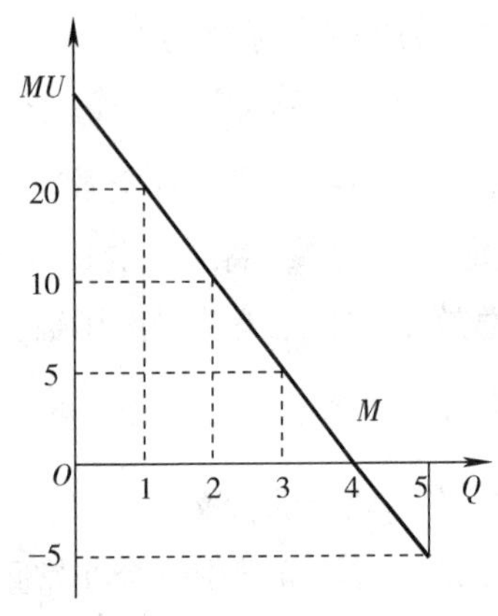

图 3—1—2　边际效用

在图 3—1—1 中，横轴代表饮料的消费量，纵轴代表总效用，T 为总效用曲线。在图 3—1—2 中，横轴代表饮料的消费量，纵轴代表边际效用，M 为边际效用曲线。

从上述内容可以看出，总效用与边际效用的关系是：当边际效用为正数时，总效用是增加的；当边际效用为零时，总效用达到最大；当边际效用为负数时，总效用减少。

3. 边际效用递减规律

从表 3—1—1 与图 3—1—2 中可以看出，边际效用是递减的。这种情况普遍存在，所以被称为边际效用递减规律。这一规律可以表述如下：随着消费者对某种物品消费量的增加，他从该物品连续增加的消费单位中所得到的边际效用是递减的。

边际效用递减规律可以用以下理由来解释：

（1）生理或心理的原因

人们的消费行为是对人的生理和心理进行刺激的过程，人们获得欲望的满足，即获得效用是对这种刺激的反应。人们消费一种物品的数量越多，即某种刺激的反复越多，人们生理上的满足和心理上的反应越少，从而满足程度越低。

（2）物品本身用途的多样性

每一种物品都有多种用途，不同用途的重要性是不同的。消费者总是先把物品用于最重要的用途。当他有若干这种物品时，把第 1 单位用于最重要的用途，其边际效用就大；把第 2 单位用于次重要的用途，其边际效用就小了。以此类推，用途越来越不重要，边际效用就递减了。

4. 消费者偏好的含义

消费者偏好是指消费者对不同商品或商品组合的喜好程度。消费者对不同的商品组合的偏好，也就是喜好的程度是有差别的。这种偏好程度的差别决定了不同商品组合效用的大小。例如，A、B 两种商品组合，若消费者对 A 组合的偏好程度大于对 B 组合的偏好程度，则可以说 A 组合的效用水平大于 B 组合。若消费者对 A 组合与 B 组合的偏好程度相同，则可以说两种组合的效用水平无差异。

三、效用评价

消费者行为理论要研究效用最大化的实现，首先遇到的就是对效用大小的比较和评价问题。有些经济学家认为效用大小可以用具体数字进行计量，而有的经济学家则认为效用大小不能准确量化，只能以顺序来进行比较。这就是在效用评价理论发展过程中先后出现的基数效用论和序数效用论。基数和序数这两个术语来自数学。基数是指 1、2、3…，是可以加总的。序数是指顺序或等级，即第一、第二、第三……，或最大、其次……最小，序数是不能加总的。

1. 基数效用论

基数效用论认为，效用是可以计量并加总求和的，效用的大小可以用基数（1、2、3…）来表示，也就是说，效用的大小能用数字表示出来并且可以进行计算和比较。例如，某个消费者吃了 1 个面包，他认为获得了 5 个效用单位的欲望满足；他又喝了 1 瓶汽水，认为获得了 3 个单位的欲望满足。这样，该消费者总共获得了 8 个效用单位的欲望满足。

基数效用论采用边际效用分析法分析消费者效用最大化的问题。

2. 序数效用论

序数效用论是为了弥补基数效用论的缺点而提出来的另一种研究消费者行为的理论。其基本观点是：效用作为一种心理现象无法计量，也不能加总求和，效用评价只能用序数来比较不同消费行为对欲望满足程度的高低。例如，很难准确计量消费者吃 1 个面包或喝 1 瓶汽水所能获得的欲望满足程度，更不可能加总求和。序数效用论的评价方法缺乏客观性和说服力，但序数效用论认为效用还是可以比较大小的。消费者可以用序数来比较吃面包和喝汽水哪一种消费行为能给他带来更大的欲望满足。他可以认为，在当时的特定条件下，1 个面包的效用大于 1 瓶汽水的效用，但不可能准确地知道大了多少。现代西方经济学家普遍采用序数效用论观点。

序数效用论采用无差异曲线分析法分析消费者效用最大化的问题。

任务实施

运用边际效用递减规律可以解答记者是否还能吃下去第四个三明治。假定，记者吃 1 个三明治的总效用是 10 个效用单位，吃 2 个三明治的总效用为 18 个效用单位，吃第 3 个三明治的总效用还为 18 个效用单位。那么，记者吃第 1 个三明治的边际效用是 10 效用单位，吃第 2 个三明治的边际效用为 8 个效用单位，吃第 3 个三明治的边际效用为 0 个效用单位。这说明，随着吃三明治数量的增加，记者获得的边际效用是递减的。

所以，如果请记者吃第 4 个三明治，给记者带来的不是满足的感觉，而是一种痛苦。从经济学的角度来讲，就是再吃也不会增加效用，所以记者会选择不吃。

边际效用递减规律对经营者具有重要的启发意义。当消费者持续购买一种商品时，它带给消费者的边际效用是递减的，消费者愿意支付的价格就会越来越低，直至放弃购买。因此，企业要不断地创新，研究消费者的需求变化，丰富产品的类型，生产不同的产品以满足消费者需求，减少边际效用递减规律给企业带来的不利影响。

思考题

1. 什么是欲望？什么是效用？
2. 试用图形解释边际效用递减规律。
3. 简述基数效用论和序数效用论。

知识链接

马斯洛需要层次论

衡量消费者的满足程度，就要分析消费者的需求。需要层次论就是研究人的需要结构的一种理论，是美国心理学家马斯洛（1908—1970）所首创的一种理论。他在 1943 年发布的《人类动机的理论》一书中提出了需要层次论。

马斯洛提出，需要分为 5 个层次，如图 3—1—3 所示。

一是生理需要。指个人生存的基本需要，如饮食、居住等。

二是安全需要。包括心理上与物质上的安全保障，如不受威胁，远离危险事故，职业有保障，有社会保险和退休金等。

三是社交需要。人是社会的一员，需要友谊和群体的归属感，需要彼此同情、互助和赞许。

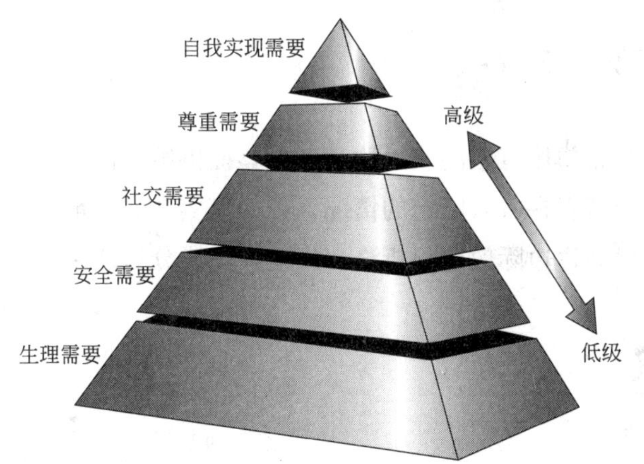

图 3—1—3　马斯洛需要层次论

四是尊重需要。包括要求受到别人的尊重和自己具有内在的自尊心。

五是自我实现需要。指通过自己的努力，实现自己对生活的期望，从而对生活和工作真正感到很有意义。

马斯洛的需要层次论认为，需要是人类内在的、天生的、下意识存在的，而且是按先后顺序发展的，满足了的需要不再是激励因素。

任务 2　消费者均衡的实现

知识目标

➢ 掌握消费者均衡

➢ 掌握边际效用分析法

➢ 掌握无差异曲线分析法

能力目标

➢ 学会运用边际效用分析法及无差异曲线分析法确定消费者均衡

➢ 能用无差异曲线法分析消费者如何进行消费决策

任务引入

假设消费者的偏好既定，收入既定，并且所要购买物品的价格既定。某消费者的收入为 8 元，他要购买的两种商品的价格均为 1 元。

问题：

如何购买两种商品才能使该消费者实现最大的满足？

任务分析

每一位消费者都希望用有限的收入购买到能够提供给自己最大满足的商品。上述问题的实质就是研究消费者在收入既定的情况下，如何实现效用最大化。依据基数效用论和序数效用论，可以通过边际效用分析法和无差异曲线分析法来解决这个问题。

相关知识

一、边际效用分析法

1. 消费者均衡的含义

用边际效用分析法分析消费者效用最大化问题，实际就是分析如何实现消费者均衡。消费者均衡是指在既定收入和既定商品价格的限制下选购一定数量的各种商品，以达到最满意的程度。消费者均衡所研究的就是消费者如何把有限的货币收入分配于购买各种商品，以实现效用最大化的问题。这里的均衡是指，消费者实现最大效用时的商品购买组合是一种最佳的、不应再做任何调整的、相对稳定的组合。

2. 实现消费者均衡的假设前提

（1）消费者的偏好是既定的

假定消费者对各种物品效用与边际效用的评价是既定的，不会发生变动。由于效用的主观性，即使是同一消费者，对同一种商品组合的效用评价也会因时间、地点的不同而发生变化。因此，确定最佳消费决策，只有在消费者的消费行为发生在既定的时间、地点和环境的条件下才有意义。

（2）消费者的收入是既定的

一般而言，消费者在不同收入条件下所能购买到的商品数量是不同的，不同的购买量会获得不同的效用。只有在相同的收入条件下，在不同的消费决策中选择效用最大化的消费决策才有意义。

（3）商品的价格是既定的

由于商品价格的变化会引起最佳消费组合的变化，因而假定商品价格不变。

（4）每1单位货币的边际效用对消费者都是相同的

人们用货币购买商品，实际上就是用货币的效用去交换其他商品的效用。只有假定货币的边际效用是不变的，才能用货币的效用去衡量其他商品的效用。

3. 用边际效用分析法实现消费者均衡

运用边际效用分析法来分析实现消费者均衡的条件，可以用以下两个公式加以说明：

$$P_x \cdot Q_x + P_y \cdot Q_y = M \qquad (1)$$

$$\frac{MU_x}{P_x} = \frac{MU_y}{P_y} = MU_m \qquad (2)$$

其中，P 表示商品价格，Q 表示商品的购买量，M 表示消费者的货币收入，MU 表示商品的边际效用，MU_m 表示每 1 单位货币的边际效用，X、Y 表示消费者所购买的两种商品。公式（1）是消费者的限制条件，说明收入是既定的，购买 X 与 Y 商品的支出不能超过收入，也不能小于收入。超过收入的购买是无法实现的，而小于收入的购买则达不到收入既定时的效用最大化。公式（2）是实现消费者均衡的条件，即所购买的 X 与 Y 商品带来的边际效用与其价格之比相等，也就是说，每 1 单位货币不论用于购买 X 商品，还是购买 Y 商品，所得到的边际效用都相等。

如果所购买的不是两种商品而是多种商品，假设各种商品的价格分别为 P_1，P_2，…，P_n，购买量分别为 Q_1，Q_2，…，Q_n，各种商品的边际效用分别为 MU_1，MU_2，…，MU_n，则可以把实现消费者均衡的条件写为：

$$P_1 \cdot Q_1 + P_2 \cdot Q_2 + \cdots + P_n \cdot Q_n = M$$

$$\frac{MU_1}{P_1} = \frac{MU_2}{P_2} = \cdots = \frac{MU_n}{P_n} = MU_m$$

由此可以得出实现消费者均衡的条件是：消费者用全部收入购买的各种商品所带来的边际效用，与这些商品价格的比例相等，或者说每 1 单位货币的边际效用都相等。

二、无差异曲线分析法

1. 无差异曲线

（1）无差异曲线的含义

无差异曲线是用来表示两种商品的不同数量组合的曲线，这些组合能给消费者带来相同效用。

假设某个消费者要购买 X、Y 两种商品，这两种商品可以有 *a*、*b*、*c*、*d*、*e*、*f* 共六种不同的消费组合。这六种组合都能给该消费者带来相同的效用，见表 3—2—1。

表 3—2—1　　消费者消费组合效用表

组合方式	*a*	*b*	*c*	*d*	*e*	*f*
X 商品	5	10	15	20	25	30
Y 商品	30	18	13	10	8	7

根据表 3—2—1，可以做出图 3—2—1。

在图 3—2—1 中，横轴代表商品 X 的数量，纵轴代表商品 Y 的数量，*a*、*b*、*c*、*d*、*e*、*f* 各点表示六种不同的商品 X 与 Y 的数量组合，将各点连接起来的曲线 *I* 就是无差异曲线。无差异曲线上的任何一个点所表示的商品组合虽然都各不相同，但它们在消费者偏好既定条件下给消费者所带来的效用即满足程度都是相同的。

（2）无差异曲线的特征

第一，无差异曲线是一条向右下方倾斜的曲线，其斜率为负值。它表明在收入与价格既定的条件下，为了获得同样的满足程度，增加一种商品就必须减少另一种商品，两种商品在消费者偏好不变的条件下，不能同时减少。

第二，在同一平面图上有无数条无差异曲线。如图 3—2—2 所示，同一条无差异曲线代表同样的满足程度，不同的无差异曲线代表不同的满足程度，离原点越远，满足程度越大，反之则越小。在图 3—2—2 中，I_1、I_2、I_3 是三条不同的无差异曲线，它们分别代表不同的效用水平，其效用比较为 $I_1<I_2<I_3$。

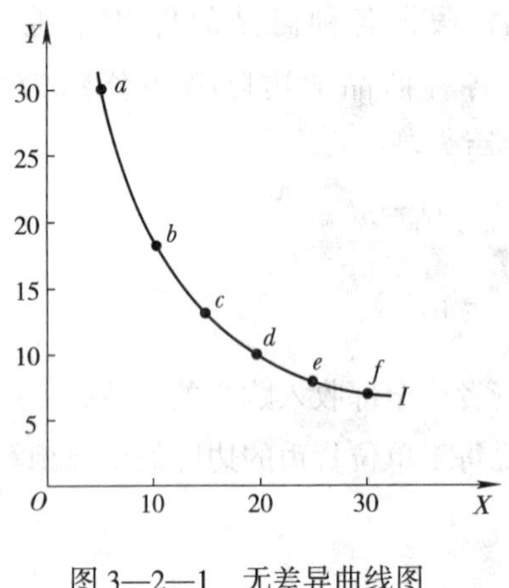

图 3—2—1　无差异曲线图

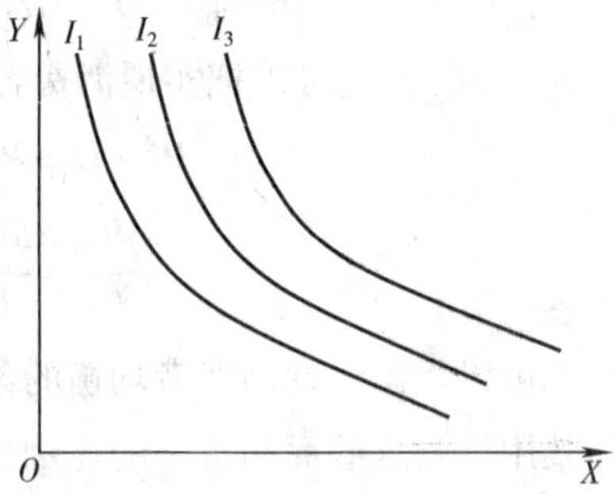

图 3—2—2　多条无差异曲线

第三，在同一平面图上，任意两条无差异曲线不能相交，否则与第二点矛盾。

第四，无差异曲线是一条凸向原点的线。这是由商品的边际替代率递减规律所决定的。

2. 商品边际替代率递减规律

（1）边际替代率的含义

边际替代率是消费者在保持相同满足程度时，增加一种商品数量与必须放弃的另一种商品数量之比，如果以 ΔX 代表 X 商品的增加量，ΔY 代表 Y 商品的减少量，MRS_{xy} 代表用 X 商品代替 Y 商品的边际替代率，则边际替代率的公式表示如下：

$$MRS_{xy}=\frac{\Delta Y}{\Delta X}$$

例如，增加 4 个单位 X 商品，减少 2 个单位 Y 商品，则以 X 商品代替 Y 商品的边际替代率为 0.5。应该注意的是，在保持效用水平相同时，增加一种商品就必然要减少另一种商品。因此，边际替代率应该是负值。无差异曲线的斜率就是边际替代率，无差异曲线向右下方倾斜表明边际替代率为负值。但为了方便起见，一般用其绝对值。

（2）边际替代率递减规律

边际替代率递减规律是指在维持效用水平不变的前提下，消费者为增加每 1 单位某种商品的消费所要放弃的另一种商品的消费数量是递减的。

根据表 3—2—1 中的资料来计算以 X 商品代替 Y 商品的边际替代率，可以得出表 3—2—2。

表 3—2—2　　商品边际替代率表

组合方式变动情况	ΔX	ΔY	MRS_{xy}
$a \to b$	5	12	2.4
$b \to c$	5	5	1
$c \to d$	5	3	0.6
$d \to e$	5	2	0.4
$e \to f$	5	1	0.2

在表 3—2—2 中，ΔX 是 X 商品的增加量，ΔY 是 Y 商品的减少量，MRS_{xy} 应该是负值。在保证消费者效用水平不变的前提下，商品组合方式由 a 组合转换到 b 组合，消费者为了增加 5 单位 X 商品的消费，就必须放弃 12 单位 Y 商品的消费，这时的边际替代率 $MRS_{xy}=\frac{\Delta Y}{\Delta X}=\frac{12}{5}=2.4$。由 b 组合方式转换到 c 组合方式，边际替代率递减到 1。也就是说，在保证消费者效用水平不变的前提下，为继续增加 X 商品的消费所必须放弃的 Y 商品的消费数量减少了。以此类推，当消费组合方式由 e 组合转换到 f 组合时，边际替代率减少到 0.2。由此可见，边际替代率是递减的，即边际替代率的绝对值在减小。从对表 3—2—2 的分析中可以看出，MRS_{xy} 的数值从 2.4 一直下降到 0.2。这种情况普遍存在于任何两种商品的正常替代过程中，所以被称为边际替代率递减规律。

（3）边际替代率递减的原因

边际替代率递减的原因是，随着 X 商品的增加，它的边际效用在递减；随着 Y 商品的减少，它的边际效用在递增。这样，每增加一定数量的 X 商品，所能代替的 Y 商品数量就越来越少，即 X 商品以同样的数量增加时，所减少的 Y 商品的数量越来越少。或者说，在 $MRS_{xy}=\Delta Y/\Delta X$ 这个公式中，当分母 ΔX 不变时，分子 ΔY 在不断减小，从而分数值减小。

边际替代率递减规律实际上就是用无差异曲线的形式来表述的边际效用递减规律。因为边际替代率递减正是由于随着某商品消费数量的增加，其边际效用是递减的。

3. 消费可能线

研究序数效用论条件下的消费者均衡，首先要建立消费可能线。消费可能线又称家庭预算线，它是一条表明在消费者收入与商品价格既定的条件下，消费者用全部收入所能购买到的两种商品最大数量组合的线。

消费可能线表明了消费者消费行为的限制条件。这种限制条件就是购买商品所花的钱不能大于收入，也不能小于收入。大于收入是在收入既定条件下无法实现的，小于收入则无法实现效用最大化。这种限制条件可以写为：

$$M=P_x \cdot Q_x+P_y \cdot Q_y$$

也可写为：

$$Q_y=\frac{M}{P_y}-\frac{P_x \cdot Q_x}{P_y}$$

这是一个直线方程式，其斜率为$-\frac{P_x}{P_y}$。因为 M、P_x、P_y 为既定常数，所以给出 Q_x 的值，就可以解出 Q_y。当然，给出 Q_y 的值，也可以解出 Q_x。

如果 $Q_x=0$，则 $Q_y=\frac{M}{P_y}$。

如果 $Q_y=0$，则 $Q_x=\frac{M}{P_x}$。

假设某消费者收入 $M=60$ 元，他要购买两种商品 X 与 Y，价格分别为 $P_x=20$ 元，$P_y=10$ 元。如果 $Q_x=0$，则 $Q_y=6$；如果 $Q_y=0$，则 $Q_x=3$。这样就可以作出图 3—2—3。

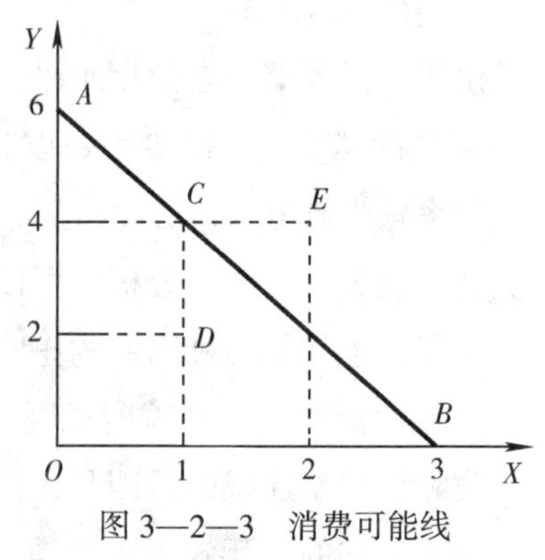

图 3—2—3　消费可能线

在图 3—2—3 中，连接 AB 两点的直线就是消费可能线。该线上的任何一点都是在收入与价格既定的条件下，消费者所能购买到的 X 商品与 Y 商品的最大数量组合。例如，在 C 点，购买 4 单位 Y 商品、1 单位 X 商品，正好用完 60 元［$10\times4+20\times1=60$（元）］。在线内的任何一点，所购买的 X 商品与 Y 商品的组合是可以实现的，但并不是最大数量的组合，即没有用完收入。例如，在 D 点，购买 2 单位 Y 商品、1 单位 X 商品，只用了 40 元［$10\times2+20\times1=40$（元）］。在该线外的任何一点，无法实现，因为所需花费的钱超过了既定的收入。例如，在 E 点，购买 4 单位 Y 商品、2 单位 X 商品，要支出 80 元［$10\times4+20\times2=80$（元）］，超过了既定的收入 60 元，消费需求无法实现。

图 3—2—3 中的消费可能线是在消费者的收入和商品价格既定条件下做出的，如果消费者的收入和商品的价格改变了，消费可能线就会变动。如果商品价格不变而消费者

的收入变动，则消费可能线会平行移动。收入增加，消费可能线向右上方平行移动；收入减少，消费可能线向左下方平行移动。如果收入不变而两种商品价格变动，则消费可能线也要移动，但并不是平行移动。

如图 3—2—4 所示，AB 线是原来的消费可能线，纵轴和横轴分别表示消费者所要购买的两种商品汽水和面包。当收入增加时，消费可能线移动到 A_1B_1 的位置，意味着消费者可以购买更多的汽水与面包的数量组合；当收入减少时，消费可能线移动到 A_2B_2 的位置，意味着消费者只能购买较少的汽水和面包的数量组合。如果消费者收入不变，而汽水和面包两种商品的价格以同比例上升或下降，则其结果与收入变动相同。

如图 3—2—5 所示，若消费者的收入与汽水的价格不变，而面包的价格下降，则消费可能线由 A_1B 移动到 A_1B_1 的位置，意味着消费者在汽水购买量不变的情况下，可以购买到更多的面包。

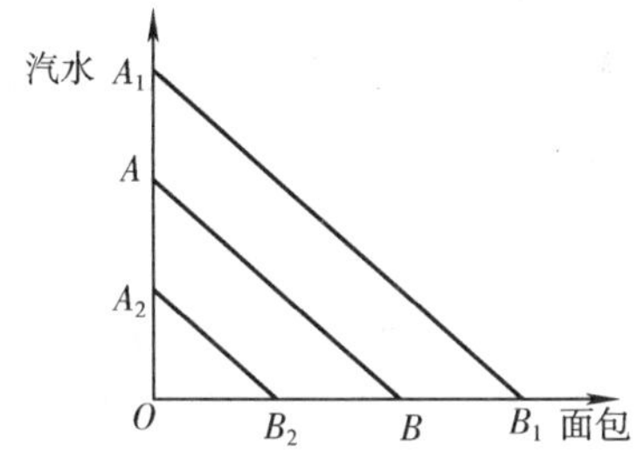

图 3—2—4　收入变动对消费可能线的影响

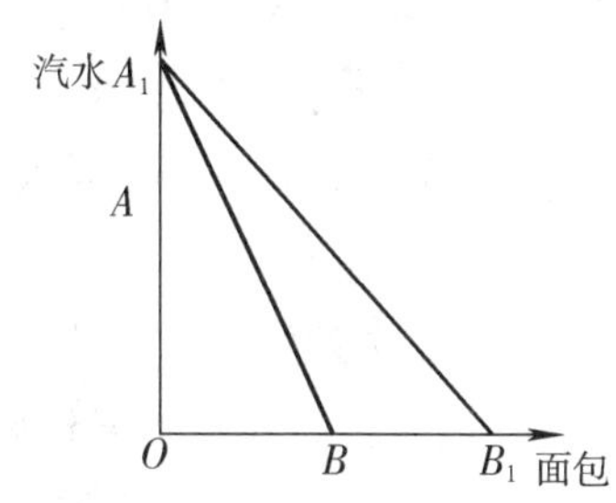

图 3—2—5　商品价格变动对消费可能线的影响

4. 用无差异曲线和消费可能线实现消费者均衡

序数效用论将无差异曲线与消费可能线结合在一起来分析消费者均衡的实现。如果把无差异曲线与消费可能线合放在一个坐标图上，就会发现消费可能线必定与无数条无差异曲线中的一条相切于一点。在这个切点上，就实现了消费者均衡，如图 3—2—6 所示。

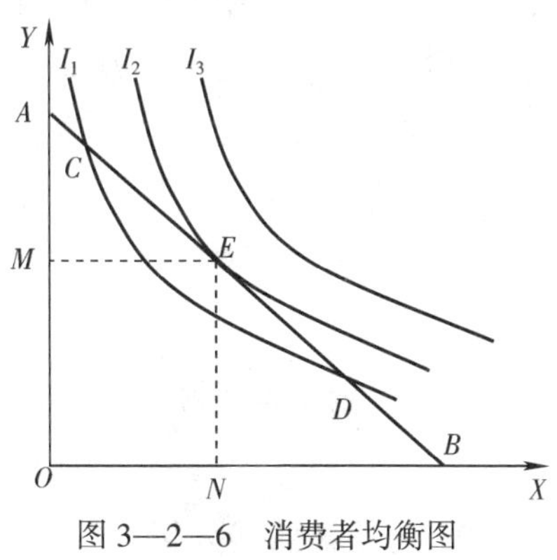

图 3—2—6　消费者均衡图

在图 3—2—6 中，I_1、I_2、I_3 分别代表 3 条无差异曲线，它们的效用大小顺序为 $I_1<I_2<I_3$，AB 线为消费可能线。AB 线与 I_2 相切于 E 点，这时就实现了消费者均衡。也就是说，在收入与价格既定的条件下，消费者购买 N 单位的 X 商品和 M 单位的 Y 商品，就能获得最大的效用。

任务实施

当消费者的偏好既定，收入为 8 元，并且所要购买的 X 商品与 Y 商品的价格均为 1

元时，可以采用边际效用分析法和无差异曲线分析法来确定该消费者购买 X 商品和 Y 商品的最佳数量组合。

1. 边际效用分析法

首先要知道 X 商品和 Y 商品的边际效用。假设 X 商品与 Y 商品的边际效用见表 3—2—3：

表 3—2—3　　某消费者的边际效用表

商品数量（Q）	1	2	3	4	5	6	7	8
商品 X 的边际效用（MU_x）	11	10	9	8	7	6	5	4
商品 Y 的边际效用（MU_y）	19	17	15	13	12	10	8	6

在商品边际效用连续下降的情况下，消费者只有使每 1 元钱所带来的边际效用最大，才能使总效用最大。根据表 3—2—3，理性的消费者应将第 1 个 1 元钱购买商品 Y，由此得到 19 个效用单位，而不应去购买商品 X，因为那样只能获得 11 个效用单位。同理，他应将第 2 个、第 3 个、第 4 个、第 5 个 1 元钱也去购买商品 Y，分别获得 17 个、15 个、13 个、12 个效用单位，因为它们都大于购买第 1 件商品 X 所获得的 11 个效用单位。然后，他应将第 6 个 1 元钱转而购买第 1 件商品 X，获得 11 个效用单位，因为它大于第 6 件商品 Y 的 10 个效用单位。最后，他应该用第 7 个 1 元钱和第 8 个 1 元钱分别购买第 2 件商品 X 和第 6 件商品 Y。这时，分别花在这两件商品上的 1 元钱的边际效用是相等的，都是 10 个效用单位。至此，消费者均衡实现。

结论：最佳购买组合 $Q_x=2$，$Q_y=6$

验证：

$$P_x \cdot Q_x+P_y \cdot Q_y=1\times2+1\times6=8=M$$

$$\frac{MU_x}{P_x}=\frac{MU_y}{P_y}=\frac{10}{1}=10$$

此时，消费者获得了最大的总效用：

$$19+17+15+13+12+11+10+10=107$$

2. 无差异曲线分析法

（1）做出预算线

消费者收入 $M=8$ 元，两种商品 X 与 Y 的价格分别为 $P_x=1$，$P_y=1$。根据以上条件可以做出一条预算线（消费可能线），如图 3—2—7 中的 AB 线所示。预算线是消费者消费行为的限制条件。这种限制就是消费者的消费支出不能大于 8 元，也不能小于 8 元。大于 8 元的消费组合是无法实现的，小于 8 元的消费组合则无法实现效用最大化。

（2）做出无差异曲线

如果把预算线与无差异曲线合并到一个坐标图上，那么图 3—2—7 中的预算线必定与无数条无差异曲线中的某一条相切，如图 3—2—8 所示，图中的 E 点就是消费者均衡点。也就是说，在消费者的收入为 8 元、两种商品的价格均为 1 元的条件下，消费者购买 N 单位的 X 商品和 M 单位的 Y 商品就能实现最大的效用。

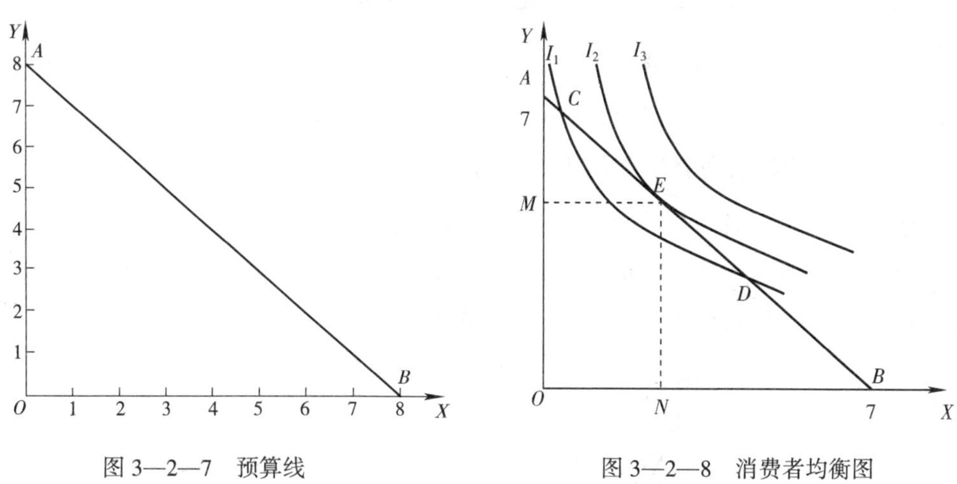

图 3—2—7　预算线　　　　图 3—2—8　消费者均衡图

为什么只有在 E 点才能实现消费者均衡呢？从图 3—2—8 可以看出，I_3 线所代表的效用大于 I_2 线，但 I_3 线与 AB 线既不相交也不相切，说明达到 I_3 线效用水平的 X 商品与 Y 商品的数量组合在收入与价格既定的条件下是无法实现的。AB 线与 I_1 线相交于 C、D 两点，表示在 C、D 两点上所购买的 X 商品与 Y 商品的数量也是收入与价格既定条件下效用最大的组合，但由于 $I_1<I_2$，说明在 C、D 两点上 X 商品与 Y 商品的组合没有达到最大效用，它们所实现的效用水平仍然是 I_1 线所表示的效用水平。AB 线与 I_2 线相切于 E 点，说明按 E 点进行消费组合也是现有收入水平所许可的，实现的是 I_2 线所代表的效用水平。由于 I_2 线的效用水平大于 I_1 线，所以，按 E 点进行消费组合的效用水平就必然大于 C、D 两点的效用水平。此外，由于无数条无差异曲线相互平行，因而能与既定的预算线 AB 线相切的无差异曲线只有一条，也就是图中的 I_2 线。由此看来，E 点就成为在收入与价格既定条件下的消费者效用最大化的消费组合点，也就是说，只有 E 点才意味着消费者均衡的实现。

思考题

1. 说明边际效用与总效用之间的关系。
2. 用边际效用分析法分析消费者均衡。
3. 用无差异曲线分析法图解消费者均衡。

知识链接

一、价格和收入变动对消费者均衡的影响

上述分析是以消费者的货币收入和商品价格不变为前提的，但实际上，收入和价格这两个因素都在不断变化，这对消费者均衡会产生很大影响。

1. 价格变动对消费者均衡的影响

价格变化对消费者均衡的影响通常用价格—消费曲线来分析。

首先分析在收入不变、价格变化的条件下，消费者均衡点变动的情况。为了方便起见，假定一种商品的价格不变，而另一种商品价格变动，此时如图 3—2—9 所示。

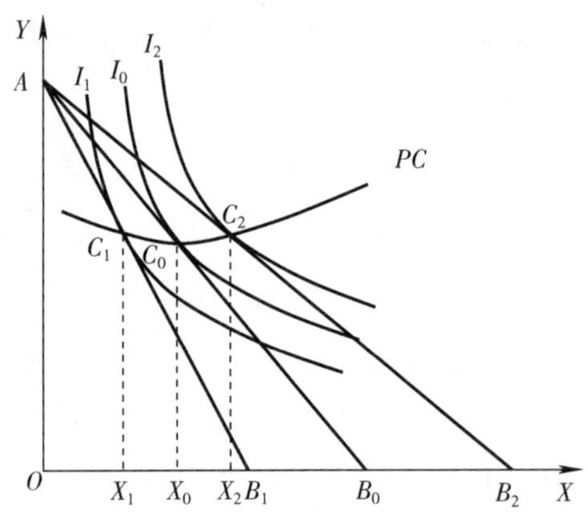

图 3—2—9　价格—消费曲线图

在图 3—2—9 中，点 C_0 为最初的均衡点，X_0 为最初均衡时 X 商品的购买量。假定消费者的收入和 Y 商品的价格不变，X 商品的价格上升。这样，消费可能线 AB_0 线将以点 A 为圆心顺时针方向移动到 AB_1 线，并与另一条表示效用较低的无差异曲线 I_1 线相切于点 C_1。点 C_1 即为 X 商品价格上升后的消费者均衡点。从均衡点的变化可以看出，当 X 商品价格上升时，消费者将减少对该商品的购买量，从而减少了消费效用的满足程度。如果 X 商品的价格下降，消费可能线 AB_0 线将以点 A 为圆心逆时针方向移动到 AB_2，并与另一条表示更高效用水平的无差异曲线 I_2 线相切于点 C_2。点 C_2 即为 X 商品价格下降后的消费者均衡点，此时，X 商品购买量为 X_2。从均衡点的变动情况可以看出，当某种商品价格下降时，消费者将增加对该商品的购买量，从而增加他的满足程度。根据上述原理，也可以描述当消费者的收入和 X 商品的价格不变，Y 商品的价格上升和下降时均衡点变化的情况。把价格变动导致的不同均衡点连接起来所形成的曲线（图中连接 C_1、C_0、C_2 点形成的曲线 PC）就称作价格—消费曲线，它反映了在消费者收入

不变的条件下，当价格发生变动时，消费者均衡点或消费者最佳购买行为的变动趋势。

价格—消费曲线可以用来说明需求曲线是由消费者行为决定的。根据图 3—2—9 中与 X 商品的各个价格（这种价格隐含在各条消费可能线中）对应的 X 商品的购买数量（X_1、X_0、X_2），可以描绘出消费者对 X 商品的需求曲线。由此可见，用无差异曲线分析法也可以推导出价格与需求量成反方向变动的、向右下方倾斜的需求曲线。

2. 收入变动对消费者均衡的影响

收入变动对消费者均衡的影响通常用收入—消费曲线来分析。

假定价格不变、收入水平变动，消费者均衡点的变化情况如图 3—2—10 所示。图中 A_1B_1、A_2B_2、A_3B_3、A_4B_4 分别表示收入依次递增的消费可能线，I_1、I_2、I_3、I_4 分别表示不同收入水平下达到消费者均衡的无差异曲线，M、N、Q、P 分别表示不同收入水平下的消费者均衡点。

从图中可以看出，随着收入的增加，消费者均衡点依次由原点向右上方推移，这些均衡点连接起来构成的曲线 IC 线就称为收入—消费曲线。收入—消费曲线上的任何一点，都是消费者在相应收入水平下所能选择的使自己获得最大程度满足的商品组合点。在商品价格不变的条件下，收入越多，均衡点的位置离原点越远。这表明消费者能获得更高效用水平的消费组合方式，或者说消费者将获得越来越多的商品消费，这就是收入对消费者均衡的影响。

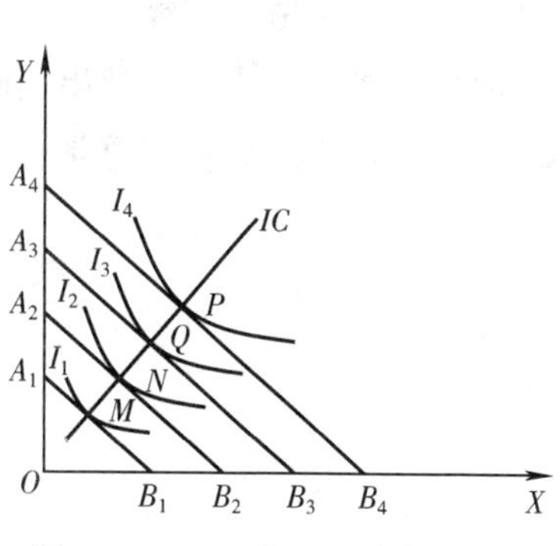

图 3—2—10　收入—消费均衡图

由收入—消费曲线可以推导出恩格尔曲线，这是收入—消费曲线应用的例子之一。

3. 恩格尔曲线

恩格尔曲线是由收入—消费曲线推导而来的。它由 19 世纪的德国统计学家恩斯特·恩格尔提出，用来分析收入变化对某种商品消费需求的影响。恩格尔曲线是表示消费者收入和某一商品均衡购买量之间关系的曲线，如图 3—2—11 所示。

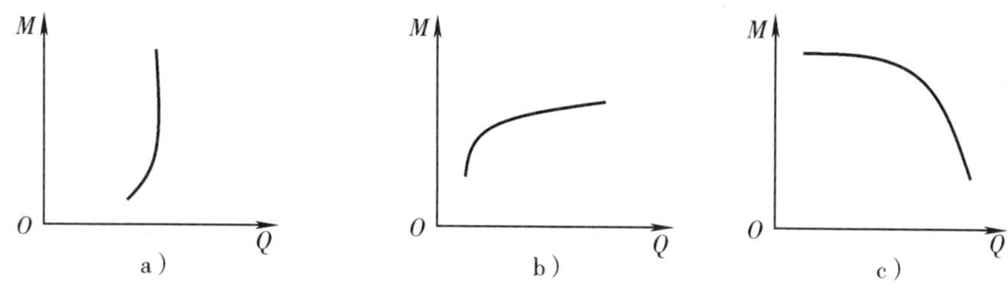

图 3—2—11　不同商品的恩格尔曲线

a）一般商品的恩格尔曲线　b）高档商品的恩格尔曲线　c）低档商品的恩格尔曲线

在图 3—2—11 中，横轴代表商品需求量，纵轴代表收入。当收入不断增加时，消费者对商品的需求量也在不断增加，但不同商品的恩格尔曲线的变化趋势是不同的。在分析收入变动影响商品需求量变动的趋势时，通常将商品分为一般商品、高档商品（也称奢侈品）和低档商品。图 3—2—11 反映了这三种商品的恩格尔曲线变化趋势。其中，一般商品的消费量随着消费者收入的增加而增加，但需求量的增加速度要慢于收入的增加速度，如图 3—2—11a 所示；高档商品的消费量随着消费者收入的增加而增加，但需求量的增长速度要快于收入的增加速度，如图 3—2—11b 所示；低档商品的需求量则随着消费者收入的增加而不断减少，如图 3—2—11c 所示。

二、消费者剩余

消费者剩余是指消费者愿意支付的价格与实际支付的价格之差，即消费者愿意支付的价格与市场价格的差额。

消费者剩余的概念反映出消费者的付出总是少于所获，消费者总是在交易中获取额外的利益，社会的总福利总是在交易中不断增长。

模块四　厂商理论

任务1　生产阶段的认定

知识目标

- ➢ 掌握边际产量
- ➢ 掌握边际收益递减规律
- ➢ 掌握生产的三个阶段

能力目标

- ➢ 能通过图形找出生产的三个阶段的分界点及合理生产区域
- ➢ 运用生产三个阶段理论与边际收益递减规律分析企业如何优化生产

任务引入

某工厂生产卷管机的关键件转盘，当同时用5台机床进行加工时，其工人数与日总产量、日人均产量的关系见表4—1—1。

表4—1—1　　转盘加工工人数与产量数据表

序号	工人数（人）	日总产量（件）	日人均产量（件）	日总产量增加（件）
1	5	40	8	0
2	6	51	8.5	11
3	7	63	9	12
4	8	68	8.5	5
5	9	72	8	4
6	10	70	7	-2

1. 开始时，工厂用5名工人加工，一人一台机床。由于每个人既要操作机床又要做些必要的辅助工作（如相互传递、打扫卫生等），所以机床的生产效率没有得到充分发挥，日总产量为40件，日人均产量为8件。

2. 用 6 名工人加工时，有一个人可以做辅助工作，其他 5 个人能够把大部分时间用在机床加工上，因此日总产量增加到 51 件，日人均产量为 8.5 件，日总产量比 5 名工人时增加了 11 件。

3. 用 7 名工人加工时，2 名工人专门负责大部分辅助工作，其他 5 名工人把绝大部分时间用在机床加工上，充分发挥了设备和人员的效率，因此日总产量增加到 63 件，日人均产量为 9 件，日总产量比 6 名工人时增加了 12 件。

4. 当增加到 8 名工人时，其中 5 名工人可以把全部时间用在机床加工上，但是新增的 1 名工人只能担负一部分辅助工作，有一部分时间没活干，因此日总产量虽然增加到 68 件，但日平均产量为 8.5 件，有所下降。

5. 当增加到 9 名工人时，辅助人员同样有一部分时间没有活干，因此日总产量虽然增加到 72 件，但比 8 名工人时只增加了 4 件，日平均产量为 8 件，继续下降。

6. 当工人数量增加到 9 人以上时，便人浮于事，人多手杂，职责不清，互相扯皮，废品率进一步增加，导致日平均产量继续下降。日总产量随着工人人数的增加不但没有增加，反而开始出现下降，这就进入了负增长的阶段。

问题：

1. 请分析转盘生产产量的这种变化有什么规律。

2. 如果你是该生产车间的主任，根据上述数据，应如何确定工人的最优配置？

任务分析

由表 4—1—1 可以看出，在机床数始终为 5 台的条件下，并不是工人越多产量就越高，而是先增加、后递减，最后出现了负增长，这就是生产者生产的三个阶段。本任务要求能够分析生产的各个阶段，并且找出最佳的投入产出点。

相关知识

一、总产量、平均产量与边际产量

总产量（*TP*）指一定量的某种生产要素所生产出来的全部产量。在上例中，生产要素是指工人，总产量是指全部工人使用 5 台机床所生产转盘的日总产量。

平均产量（*AP*）指平均每单位某种生产要素所生产出来的产量。在上例中，平均产量是指全部工人的日人均产量。

边际产量（*MP*）指某种生产要素增加一单位时所增加的产量。在上例中，边际产量是指增加 1 名工人后日总产量的增加量。

如果用 Q 代表某种生产要素的量，以 ΔQ 代表某种生产要素的增加量，则这三种产量可分别写为：

$$TP=AP\cdot Q$$

$$AP=\frac{TP}{Q}$$

$$MP=\frac{\Delta TP}{\Delta Q}$$

二、边际收益递减规律

边际收益递减规律是指在技术水平不变的情况下，当把一种可变的生产要素投入一种或几种不变的生产要素中时，最初可变生产要素的增加会使产量增加，但当可变要素的增加超过一定限度时，产量的增幅将会出现递减，最终还会使总产量绝对减少。

在任务引入的案例中，工厂同时用 5 台机床进行加工，机床数量没有改变，只改变了工人的投入数量。

最开始增加工人后，总产量和边际产量是增加的，而且是递增的（工人数由 5 人增加到 6 人后，边际产量为 11 件；工人数由 6 人增加到 7 人后，边际产量为 12 件）。但当人数增加到一定程度时，边际产量是递减的（工人数由 7 人增加到 8 人后，边际产量从 12 件下降到 5 件）。当工人数量超过 9 人后，总产量开始下降，边际产量也变为负数。

边际收益递减只发生在可变要素的投入量超过一定限度后，在此之前，边际收益是递增的。这是因为，一定的技术规定了可变生产要素与不变生产要素之间有一个数量上的最佳配合比例。开始时，由于可变要素投入量小于最佳配合比例所需要的数量，可变要素和不变要素的生产效率都无法得到充分发挥；随着可变要素投入量的逐渐增加，可变要素和不变要素的配合比例越来越接近最佳比例，可变要素和不变要素的生产效率都会提高。在案例中，只有当工人人数增加到一定量时，才能在生产中实行有效的分工协作，提高劳动生产率，所以可变要素的边际产量呈递增的趋势。当可变要素的投入超过最佳配合比例后，可变要素和不变要素的生产效率都会受到影响。在案例中，工人人数过多会导致人浮于事、偷懒怠工、增加监督和管理人员等，使劳动的边际产量和生产效率递减。

边际收益递减规律是以技术不变为前提条件的，忽视了这一前提，就会得出错误的结论。英国经济学家马尔萨斯曾预言，随着人口的膨胀，需要越来越多的食物和越来越多的耕地，根据边际收益递减规律，最终将导致劳动和土地的边际产出和平均产出下降，地球上有限的土地资源将无法提供足够的食物，因而会产生大的饥荒和社会灾难。但是，人类历史并没有按马尔萨斯的预言发展。马尔萨斯的错误在于他忽视了技术的进步。事实上，在马尔萨斯之后，许多国家在食物生产技术上的进步神速，例如生产出抗病的良种、更高效的化肥等，因此劳动的边际产出和平均产出没有下降反而上升。技术进步不能否定边际收益递减规律，但能抵消该规律产生的负面效应。

边际收益递减规律在生活中有很多应用。例如，在农田里撒化肥可以增加农作物的产量，当你向一亩农田里撒第一个 100 千克化肥的时候，增加的产量最多；撒第二个 100 千克化肥的时候，增加的产量就没有第一个 100 千克化肥增加的产量多；撒第三个 100 千克化肥的时候，增加的产量就更少甚至减产。也就是说，随着所撒化肥的增加，增产效应越来越低。

三、生产的三个阶段

根据边际收益的变化规律，一般把生产分为以下三个阶段：

1. 收益递增阶段

第一阶段又叫收益递增阶段，即劳动的平均产量由 0 到最高点的阶段。在这一阶段，劳动的边际产量大于劳动的平均产量，从而使劳动的平均产量和总产量都在增加。

2. 收益递减阶段

第二阶段又叫收益递减阶段，即总产量上升到最高点的阶段。在这一阶段，劳动的边际产量小于劳动的平均产量，从而使平均产量递减，但由于边际产量大于 0，所以，总产量仍然继续增加。

3. 负收益阶段

第三阶段是负收益阶段，即总产量开始下降的阶段。在这个阶段，劳动的边际产量下降为负值，总产量也递减。

以上内容如图 4—1—1 所示，其中，纵轴表示产量，横轴表示劳动投入量。前提是资本投入量不变，劳动投入量可变。

生产的三个阶段的划分，可以说明厂商生产要素投入的合理区域。假如厂商不考虑单位成本，而希望最大的产量，应在 MAX(*TP*) 点，这时总产量最大。假如厂商考虑单位成本，而希望劳动效率最高，应在 MAX(*AP*) 点，这时平均产量最大。但无论如何厂商不会将生产扩大到第三阶段，因为在这个阶段，劳动投入的数量相对于资本来说已经太多，总产量已经在下降。厂商也不会将生产停留在第一阶段内，因为在这个阶段，平均产量仍然在增加，劳动投入还没有发挥最大的作用。因此，合理的生产区域是在第二阶段内。在这一阶段内，有许多可选择的产量，究竟厂商选择其中的哪一个产量，还要考虑其他因素。因为平均产量最大时，并不一定是利润最大；总产量最大时，利润也不一定最大。劳动量增加到哪一点实现的利润最大，还要结合成本与产品价格来分析。

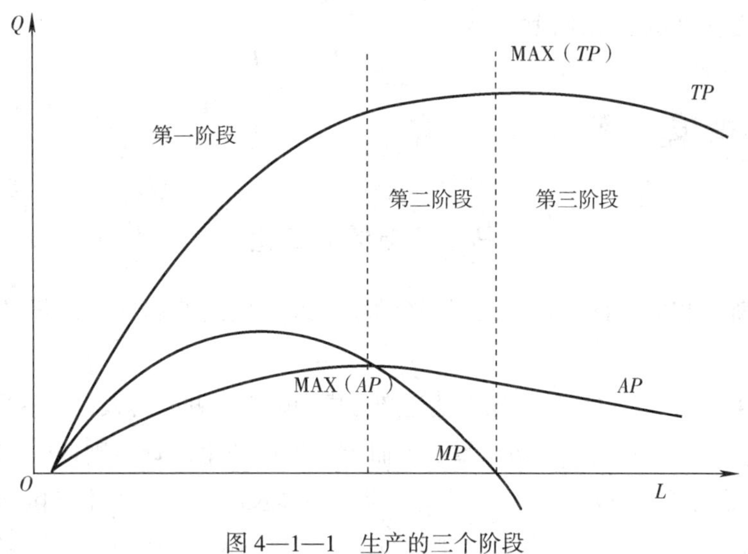

图 4—1—1　生产的三个阶段

任务实施

根据边际收益递减规律，在其他投入不变的情况下，随着某一生产要素投入量的增加，所获得的产出增量越来越小。转盘生产产量的这种变化也符合边际收益递减规律。

在任务引入的案例中，最开始增加工人后，总产量和平均产量是递增的。这是生产的第一个阶段，即收益递增阶段。

随着工人数量的进一步增加，总产量虽然在增加，但增幅是递减的，平均产量也是递减的。这是生产的第二个阶段，即收益递减阶段。

当工人数量增加到 9 人以上，平均产量继续下降，总产量随着工人人数的增加不但没有增加反而出现下降。这就是生产的第三个阶段，即负收益阶段。

要确定工人的最优配置，还要结合企业的目标来综合考虑。如果企业的目标是使平均产量最大，那么工人的数量应该增加到 7 人，这时效率最高；如果企业的目标是使产量最大，那么工人的数量就应增加到 9 人，这时总产量最大；如果企业的目标是使利润最大，则还要考虑成本、产品价格等因素，才能得到最佳投入产出点。

思考题

1. 列举出你身边体现边际收益递减规律的例子。

2. 当一种变动投入的平均产量曲线与边际产量曲线相交时，总产量、平均产量、边际产量哪个最大？为什么？

3. 什么是生产的三个阶段？

知识链接

马尔萨斯的人口论

马尔萨斯（1766—1834），英国经济学家，人口理论的创立者，著作有《人口原理》等书。

马尔萨斯认为，人口增殖力比土地生产力更为强大，并断言人口在不受控制时，以1、2、4、8、16、32… 的几何级数增长，而土地生产的生活资料则以 1、2、3、4、5、6…的算术级数增长。当人口增长超过生活资料的增长时，就会发生贫困和罪恶，因此要限制人口增长，使二者保持平衡。他把自己的人口理论归为以下 3 个命题：

1. 人口必然为生活资料所限制。
2. 只要生活资料增长，人口一定增长，除非受到某种非常有力而显著的抑制。
3. 这些抑制全部归纳为道德节制、贫困和罪恶。

他认为这 3 点是支配人类命运的“人口自然规律”的基本内容。马尔萨斯根据上述基本观点引申出以下几点结论：

1. 贫困和罪恶是人口规律作用的结果，而不是社会经济和政治制度造成的。
2. 只有私有制才能消除人口的过快增长。
3. 工人的工资受人口规律的支配，工资水平随人口的增减而变动。
4. 济贫法促使人口增长。

马尔萨斯的这套理论以土地报酬递减规律为基础，认为由于土地报酬递减规律的作用，食物生产只能以算术级数增长，赶不上以几何级数增长的人口的需要，并认为这是“永恒的人口自然规律”。

马尔萨斯人口理论的错误在于抛开了社会制度，抽象地从生物属性和脱离现实的假设来说明人口规律。

任务 2　企业短期成本分析

知识目标

- 掌握边际成本
- 掌握利润最大化原则
- 掌握停止营业点

能力目标

➢ 能计算总成本、平均成本、利润最大化的产出数量

➢ 能用短期成本理论分析企业如何实现利润最大化的生产决策

任务引入

在现实生活中经常会看到一些保龄球馆门庭冷落，但仍然在营业。这时打保龄球的价格相当低，甚至低于成本。

问题：

1. 企业的目标是追求利润最大化，当价格已经低于成本的时候为什么还在继续营业?

2. 通过该任务能获得哪些启示?

任务分析

该任务的实质是引导读者认识什么是停止营业点，正确理解这个问题将有助于进行成本分析。

相关知识

一、短期成本的含义

短期成本也叫短期总成本，是短期内生产一定量产品所需要的成本总和，它包括固定成本和可变成本。

固定成本是指企业在短期内必须支付的不能调整的生产要素的费用。例如，保龄球馆的场地租金、设备折旧、管理人员工资等。

可变成本是指企业在短期内必须支付的可以调整的生产要素的费用。例如，保龄球馆的水电费、服务员工资等。

如果以 STC 代表短期总成本，以 FC 代表固定成本，以 VC 代表可变成本，则：

$$STC=FC+VC$$

与短期成本相关的概念还有短期平均成本、平均固定成本、平均可变成本、短期边际成本等。

短期平均成本是短期内生产每一单位产品平均所需要的成本。

平均固定成本是平均每单位产品所消耗的固定成本。

平均可变成本是平均每单位产品所消耗的可变成本。

如果以 *SAC* 代表短期平均成本，以 *AFC* 代表平均固定成本，以 *AVC* 代表平均可变成本，则：

$$SAC=AFC+AVC$$

短期边际成本是在短期内企业每增加一单位产量所增加的总成本量。

如果以 *SMC* 代表短期边际成本，以 ΔSTC 代表增加的短期成本量，以 ΔQ 代表增加的产量，则：

$$SMC=\frac{\Delta STC}{\Delta Q}$$

二、短期边际成本、短期平均成本和短期平均可变成本之间的关系

短期边际成本、短期平均成本、短期平均可变成本之间的关系可以用图 4—2—1 来说明。图中，横轴代表数量，纵横代表成本。

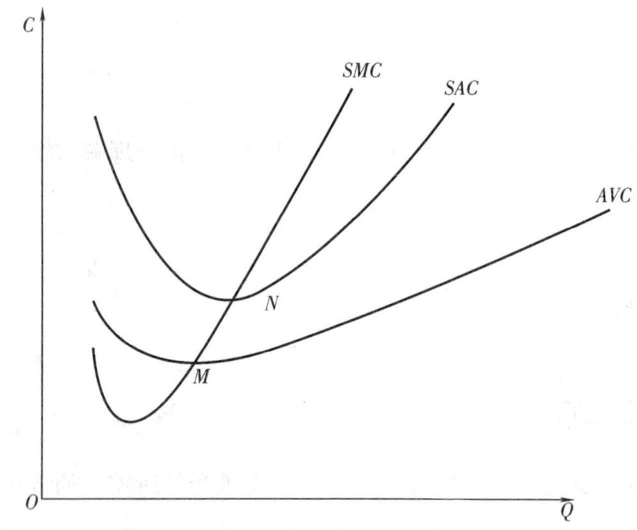

图 4—2—1　短期平均成本、短期平均可变成本、短期边际成本的关系

1. 短期边际成本与短期平均成本的关系

从图 4—2—1 中可以看出，短期边际成本 *SMC* 与短期平均成本 *SAC* 相交于 *SAC* 的最低点 *N*。在 *N* 点之左，*SAC* 在 *SMC* 之上，*SAC* 一直在递减，*SAC*>*SMC*。在 *N* 点之右，*SAC* 在 *SMC* 之下，*SAC* 一直在递增，*SAC*<*SMC*。*SAC* 与 *SMC* 相交的 *N* 点称为收支相抵点。这时价格等于平均成本，平均成本等于边际成本，即 $P=SMC=SAC$，此时生产者的成本与收益相等。

2. 短期边际成本与平均可变成本的关系

与上述情况类似，如图 4—2—1 所示，短期边际成本 *SMC* 与平均可变成本 *AVC* 相

交于 AVC 的最低点 M。在 M 点之左，AVC 在 SMC 之上，AVC 一直在递减，$AVC>SMC$。在 M 点之右，AVC 在 SMC 之下，AVC 一直在递增，$AVC<SMC$。M 点被称为停止营业点。在这一点上，价格只能弥补平均可变成本，这时所损失的是不生产也要支付的平均固定成本。如果低于这一点，不能弥补可变成本，则生产者无论如何也不会生产了。

三、收益与利润最大化原则

1. 收益的概念

收益是指生产者销售商品或劳务所获得的货币收入。

关于收益有总收益、平均收益和边际收益三个重要的概念。

总收益是厂商生产并销售一定数量商品和劳务所获得的货币收入总额，或全部的销售收入。

平均收益是厂商出售每一单位商品和劳务所得到的平均货币收入。

边际收益是厂商多销售每一单位商品和劳务而获得的货币收入。

以 TR 代表总收益，以 AR 代表平均收益，以 MR 代表边际收益，以 P 代表价格，以 Q 代表销量，则：

$$TR=P\cdot Q$$

$$AR=\frac{TR}{Q}=P\cdot\frac{Q}{Q}=P$$

$$MR=\frac{\Delta TR}{\Delta Q}$$

2. 利润最大化原则

在经济分析中，利润最大化的原则是边际收益等于边际成本。

边际收益（MR）是每变动一个单位产量而使总收益变动的数量，边际成本（MC）是每变动一个单位产量而使总成本变动的数量。如果每增加一个单位产品的生产，其边际收益大于边际成本，那么增加这一单位产量必然使利润总额提高；反之，如果边际收益小于边际成本，则增加这一单位产量必然使利润总额减少。当产量水平使边际收益等于边际成本时，虽然这最后一单位产量的收支相抵、无利润可赚，但所有以前生产的产量使总利润达到最大。

因此，西方经济学认为，边际收益等于边际成本，即 $MR=MC$ 是厂商确定利润最大化的原则。

任务实施

对企业短期成本的分析有助于解释任务引入案例中的现象，同时也可以说明短期成本分析对企业短期经营决策的意义。

1. 分析思路

在短期内，保龄球馆经营成本包括固定成本与可变成本。其中，保龄球馆的场地、设备、管理人员是短期内无法改变的固定投入，用于场地租金、设备折旧和管理人员工资的支出是固定成本，经济学中把这种已经支出而又无法收回的成本称为沉没成本。在短期内，固定成本就是沉没成本。保龄球馆日常营业所支出的各种费用是可变成本，如电费、服务员的工资等。如果不营业，这种成本就不存在；如果营业量增加，这种成本就增加。由于固定成本已经支出，无法收回，所以，保龄球馆在决定短期内是否营业时，考虑的是可变成本。

2. 具体分析

假设每场保龄球的平均成本为 20 元，其中固定成本为 15 元，可变成本为 5 元。当每场保龄球价格为 20 元以上时，收益大于平均成本，经营当然有利。当价格为 20 元时，收益等于成本，这时到达收支相抵点，仍然可以经营。当价格低于 20 元时，收益低于成本。乍一看，保龄球馆应该停止营业，但当考虑到短期成本包含固定成本和可变成本时，决策就不同了。

假设现在每场保龄球价格为 10 元，是否应该经营呢？当价格为 10 元时，在弥补可变成本 5 元之后，仍可剩下 5 元，这 5 元可用于弥补固定成本。固定成本 15 元是无论经营与否都要支出的，能弥补 5 元，当然比一点也弥补不了好。因此，这时仍然要坚持营业。这时企业考虑的不是利润最大化，而是损失最小化。

当价格下降到与可变成本相等的 5 元时，保龄球馆经营不经营是一样的。经营正好弥补可变成本，不经营这笔可变成本不用支出。此时，价格等于平均可变成本，即到达停止营业点。在这一点时，经营与不经营是一样的。在这一点之上，只要价格高于平均可变成本就要经营；在这一点之下，价格低于平均可变成本，则不能经营。

门庭冷落的保龄球馆仍在营业，说明这时价格仍高于平均可变成本，这就是保龄球馆仍然不停业的原因。

3. 任务启示

在现实生活中，有许多类似的即使门庭冷落但仍在坚持营业的旅游景点、饭店、游乐场所等。这些行业都有一个特征，就是固定成本高而可变成本低。所以现实中这些行业的价格可以降得很低，但这种低价格实际上仍然是高于平均可变成本的。因此，继续营业可以弥补部分固定成本，实现损失最小化。

在创业和经营管理等工作中，了解停止营业点相关理论，有助于分析和选择合适的行业，以及进行成本分析，做出科学理性的经营决策。

思考题

1. 试用本节知识分析航空公司在淡季推出超低票价的现象。
2. 用图形说明平均成本与边际成本的关系。

知识链接

机会成本

每个人在一生中都会面临许多选择，把资源投入到一种选择上，就不得不放弃其他选择。机会成本就是指在资源稀缺的条件下，由于作出一种选择而放弃的最佳替代物或失去的最好机会的价值。例如，某汽车厂商决定投入所有资源研发和生产一款新车时，他就不可能再用这些资源来研发和生产其他汽车，那么，他所放弃的其他款汽车就是该厂商生产新款汽车的机会成本。

模块五　市场理论

任务1　完全竞争市场中的厂商均衡

知识目标

➢ 掌握完全竞争市场的假设条件

➢ 掌握完全竞争市场的供给曲线

能力目标

➢ 解释完全竞争企业的利润最大化选择，并推导出它的供给曲线

任务引入

某农贸市场有70多家零售商，主要供应周围7个村5 000余农户的日用品需求。春节临近，春联开始热销。

在该春联市场中，需求者有5 000多农户，供给者为70多家零售商，市场中存在许多买者和卖者；供应商的进货渠道大致相同，且产品的差异性很小，产品具有高度同质性（春联所用纸张、制作工艺相同，区别仅在于春联所书写内容的不同）；供应商进入退出该市场没有限制；供应商的零售价格水平相近，提价会无人问津，降价会引起利润损失；农民购买春联时的习惯是逐个询价，最终决定购买，信息充分。

春联是农村过年的必需品，购买春联的支出在购买年货的支出中只占很小的比例，因此其需求弹性较小。供应商在销售春联的过程中，都不愿意单方面降价。某些供应商为增加销售量，采取低于同行价格的竞争方法，反而会使消费者认为其所经营的产品存在瑕疵，不愿购买。

问题：

1. 农村春联市场与其他种类的市场相比有什么特点？

2. 这类市场中的供应商是如何达到均衡的？

任务分析

该案例的实质是引导读者认识完全竞争市场和完全竞争市场的假设条件等问题。

相关知识

一、完全竞争市场及其假设条件

在完全竞争市场中，存在着许多销售相同产品的卖者，而消费者能够无成本地获得充分信息。因此，市场价格由市场中所有的购买者和供应者的相互作用决定，任何一个厂商都不能控制市场价格，企业任何提价或降价行为都会造成非必要的损失。

对完全竞争市场的分析是建立在严格的假设条件前提之上的，具体包括：

1. 市场上存在数量众多的厂商和购买这些厂商产品的消费者

在完全竞争的市场上，有无数个买者和卖者。每个买者的购买量和每个卖者的销售量只占市场交易量的很少一部分。个体的行为不可能影响市场的供求关系和价格，产品的价格是由市场供求关系决定的。买者和卖者只能接受既定的市场价格，是价格的接受者。

2. 所有厂商生产的产品都是无差别的、同质的产品

对消费者来说，所有厂商的产品之间具有完全的可替代性。因此，单个厂商如果以高价出售产品，消费者就会购买其他厂商的产品。

3. 厂商无进出市场限制

厂商可以自由地进入或者退出市场，不会遇到任何行业壁垒或人为因素的干扰。

4. 买卖双方具有完全信息

在完全竞争市场上，买卖双方对商品的质量和价格充分了解。人们对信息的搜寻与获取也是建立在对成本与收益的比较之上而做出决策，在现实中人们往往根据经验来做出对产品性质的判断，所以那些外观、形状、颜色等较容易判断的低级产品容易形成接近于完全竞争性质的市场，而那些个性化的、对产品和服务需要更多信息的高级产品以及需要相关制度安排来保证交易顺利进行的产品和劳务就不太容易形成接近于完全竞争性质的市场。

不难看出，在现实生活中完全符合上述假设条件的完全竞争市场是不存在的，只有某些农产品市场接近于完全竞争市场。但是这并不表明对完全竞争市场的研究没有意义。完全竞争的理论分析框架及其结论可以作为观察和分析现实经济问题的一个参照系，可以作为一个资源配置效率最优的标准。可见，完全竞争市场理论是其他市场结构理论的基础。

二、完全竞争市场对厂商的需求曲线

首先，一个行业与一家厂商是不同的。在完全竞争市场上，一个行业和一家厂商面临着不同的需求曲线。

对一个行业来说，需求曲线是一条向右下方倾斜的曲线，如图 5—1—1 所示。但对单个厂商来说情况就不同了。当市场价格确定后，对单个厂商来说，这一价格就是既定的，无论它如何增加产量都不能影响市场价格。换句话说，在既定的市场价格下，市场对单个厂商产品的需求是无限的，即市场对单个厂商产品的需求弹性是无限的。因此，市场对单个厂商产品的需求曲线是一条由既定市场价格出发的直线，如图 5—1—2 所示。

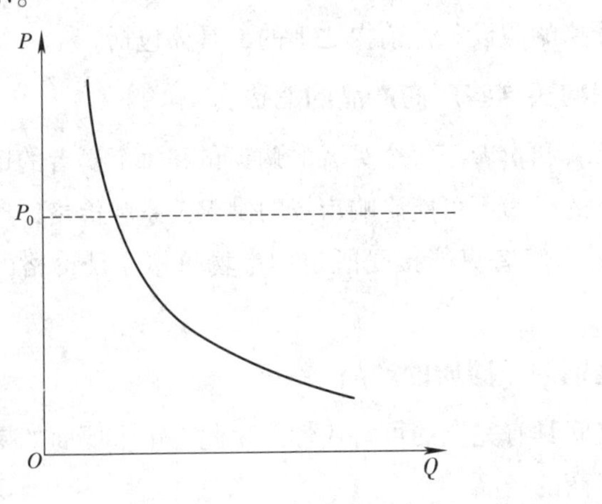

图 5—1—1　整个行业的需求曲线

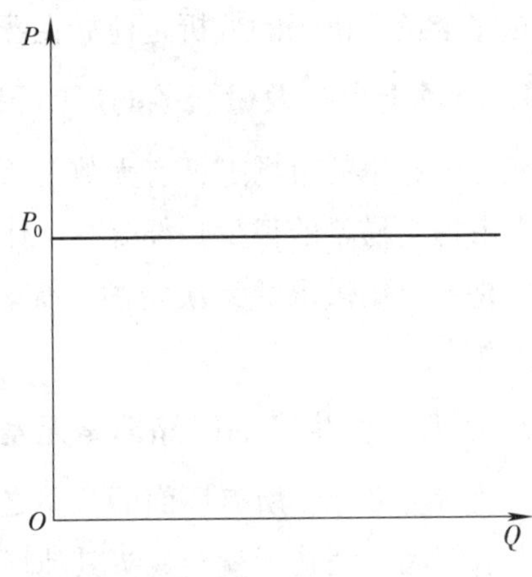

图 5—1—2　单个厂商的需求曲线

图中横轴代表产量，纵轴代表价格，P_0 代表市场的均衡价格。

三、完全竞争市场中的厂商短期均衡

在短期内，厂商不能根据市场需求来调整产量。因此，从整个行业来看，有可能出现供给小于需求或供给大于需求的情况。厂商为了实现利润最大化就要使边际收益等于边际成本。这就是说，单个厂商是从自身利润最大化的角度来决定产量的，而在 $MR=MC$ 时就实现了这一原则。

如果整个行业供给小于需求，市场价格低，个别厂商处于亏损状态，它是否还会生产？这就涉及停止营业点的问题。具体可用图 5—1—3 来分析。

在图 5—1—3 中，市场价格 P_2 低于均衡价格 P_1，厂商亏损。这时，厂商是否生产

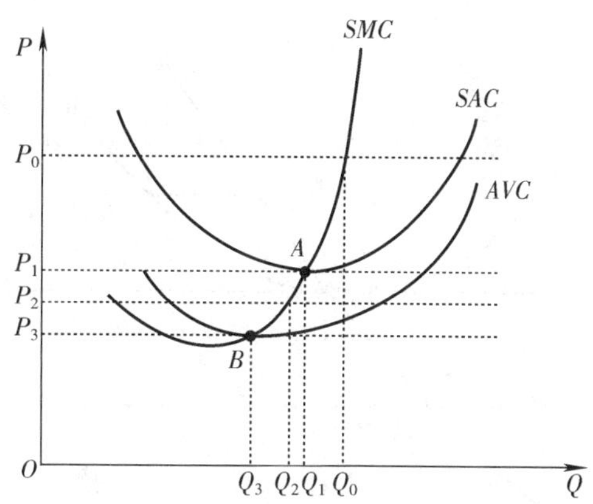

图 5—1—3 位于平均变动成本曲线最低点以上的短期边际成本曲线

取决于平均可变成本 *AVC* 的状况。价格 P_3 所决定的需求曲线与 *AVC* 相交于 *B* 点，*B* 点就是停止营业点。这就是说，当价格为 P_3 时，厂商所得到的收益正好弥补平均可变成本。

在停止营业点之下，厂商停止生产；在停止营业点之上，厂商随价格上升而增加产量。因此，停止营业点之上的短期边际成本曲线（P_3 以上的 *SMC* 部分）就是完全竞争市场上一家厂商的供给曲线。

四、完全竞争市场上的厂商长期均衡

在长期内，完全竞争市场上的各家厂商都可以根据市场价格来充分调整产量，也可以自由进入或退出某一行业。各家厂商这种关于产量和经营方向的决策会影响整个行业的供给，从而影响市场价格。具体来说，当供给小于需求，价格高时，各厂商会扩大生产，其他厂商也会涌入该行业，从而使整个行业供给增加，价格水平下降。当供给大于需求，价格低时，各厂商会减少生产，有些厂商会退出该行业，从而使整个行业供给减少，价格水平上升。最终价格水平会达到使各个厂商既无超额利润（超额利润是指其他条件保持社会平均水平而获得超过市场平均正常利润的那部分利润，又称为纯粹利润或经济利润）又无亏损的状态，如图 5—1—4 所示。

在图 5—1—4 中，*LMC* 是长期边际成本曲线，*LAC* 是长期平均成本曲线。d_1 为整个行业供给小于需求时厂商的需求曲线，d_2 为行业供给大于需求时厂商的需求曲线。如上所述，当整个行业的供给小于需求时，由于价格高会引起整个行业的供给增加，从而使价格下降，单个厂商的需求曲线 d_1 向下移动；当整个行业的供给大于需求时，由于价格低会引起整个行业的供给减少，从而使价格上升，单个厂商的需求曲线 d_2 向上移动。这种调整会使需求曲线最终移动到 *d*，这时，边际成本曲线 *LMC* 与边际收益曲线 *MR*（即曲线 *d*）相交于 *E* 点，并决定了产量为 Q_0。这时，总收益等于总成本，厂商

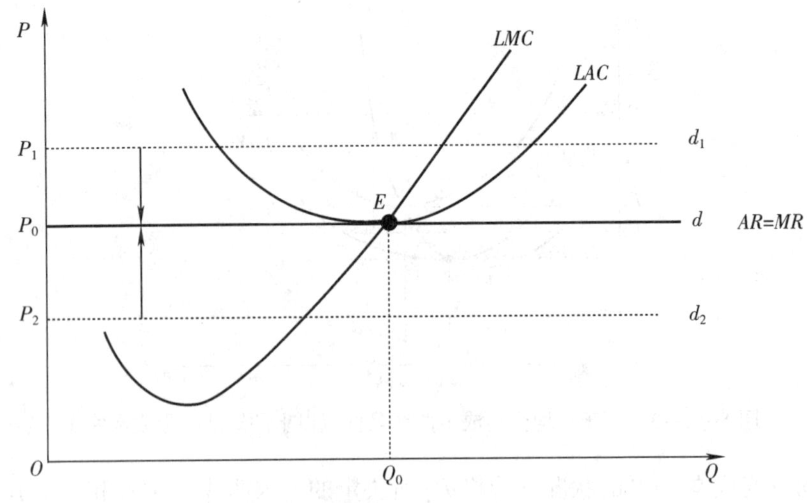

图 5—1—4　完全竞争市场上厂商的长期均衡

既无超额利润也无亏损。因此，厂商也就不再调整产量，即实现了长期均衡。

因此，完全竞争市场上的厂商长期均衡的条件是 $MR=AR=MC=AC$ 。在理解长期均衡时要注意两点。第一，长期均衡点就是模块四中所说的收支相抵点。这时成本与收益相等，厂商所能获得的只能是正常利润。所以，收支相抵中就包含了正常利润。在完全竞争市场上，竞争激烈，长期中厂商无法实现超额利润。只要获得正常利润就是实现了利润最大化。第二，实现长期均衡时，平均成本与边际成本相等。平均成本与边际成本相等就是这两条曲线相交时，平均成本一定处于最低点。这就说明，在完全竞争的条件下，厂商可以实现成本最小化，也就是经济效率最高。

任务实施

首先要明确，任务引入案例中的春联市场是一个高度接近完全竞争的市场。

这种竞争的充分性主要来源于产品的同质性即产品之间的完全可替代，而供应商的数量众多保证了单个供应商不能控制产品的价格，他们的经济行为对价格没有影响，没有人能够获得超额利润。从信息的充分与对称性来看，获取信息的成本是可以忽略的。

从短期的均衡来看，春联市场是一个特殊的市场，时效性很强，仅在春节前存在 10 天左右，供应商只有一次批发购进货物的机会。供应商该年购入货物的数量主要是基于对上年销售量和当年市场预期供应情况的分析。如果供应商总体分析准确，则该春联市场总体商品供应量与需求量大致相同，价格相对稳定。如果供应商总体分析出现偏差，价格机制就会发挥作用，扩大供应商的盈利或者亏损。

从长期的均衡来看，各个厂商都可以根据市场价格来充分调整产量，也可以自由进入或退出该行业。对于本案例中的春联市场，供应商当年盈亏状况将影响供应商下年度进入和退出该市场的决定。如果当年盈利，则会刺激他们下年度增加供给；如果当年亏损，那么他们很可能选择下年度不再进入这一市场。由此，通过供应商供应量的变化来影响价格的涨跌，达到市场的均衡。

在现实生活中，大宗农产品市场也是非常接近于完全竞争的市场。

思考题

1. 列举出你身边的接近于完全竞争市场的例子。
2. 完全竞争市场上一个行业与一个企业的需求曲线有什么不同？用图形加以说明。
3. 在完全竞争市场上，厂商实现短期均衡的条件是什么？

知识链接

市场结构

市场结构是指市场的垄断程度与竞争程度。在分析市场结构时，市场就是指行业，一个行业就是一个市场。划分市场结构一般有三个标准。

1. 行业的市场集中程度

市场集中程度指大企业对市场的控制程度，用市场占有率来表示。一般用两个指标来判断一个市场的集中程度：一是四家集中率，即某一市场中最大的四家企业在整个市场中所占的比例；二是赫芬达尔—赫希曼指数（英文简称为 HHI），它是某一市场上 50 家最大企业（如果少于 50 家就是所有企业）中每家企业市场占有份额的平方之和。HHI 越大，表示市场集中程度越高，垄断程度越高。

2. 行业的进入限制

一个行业的进入门槛越低，竞争程度就越高。反之，一个行业进入门槛越高，垄断程度就越高。进入限制源自自然原因和立法原因等。自然原因指资源控制与规模经济，立法原因是法律限制进入某些行业。立法限制主要采取三种形式：一是特许经营，政府通过立法把某个行业的经营权交给某个企业，其他企业不得进入这个行业；二是许可证制度，有一些行业由政府发放许可证，没有许可证不得进入；三是专利制，专利是给予某种产品在一定时期内的排他性垄断权，其他企业不得从事这种产品的生产，就无法进入该行业。

3. 产品差别

产品差别是同一种产品在质量、形式、包装等方面的差别。产品差别是为了满足消费者的不同偏好。每种有差别的产品都以自己的某些特色吸引消费者，这样，有特色的产品就在喜爱这一特色的消费者中形成了自己的垄断地位。产品差别越大，垄断程度越高。

任务2　垄断市场的厂商均衡

知识目标

- 掌握完全垄断市场的市场条件
- 掌握完全垄断市场的需求曲线
- 掌握完全垄断厂商的均衡

能力目标

- 能够解释单一价格垄断者如何决定价格

任务引入

某奶牛场是当地唯一的一家奶牛场，有2 000头奶牛，每月产奶2 000吨。牛奶售价是每吨500美元，每吨牛奶的生产成本是300美元，奶牛场场主一个月可以赚40万美元。

一名学者在对当地牛奶市场进行调查后向奶牛场场主指出，该场主实际每个月损失了130万美元。

在学者的建议下，奶牛场场主做了一件让人目瞪口呆的事：把1 000吨香喷喷的牛奶倒入了海中，然后宰杀了1 000头奶牛，并且将牛奶的价格翻了两番。

学者解释这样做的理由是：

原来奶牛场每月的牛奶产量是2 000吨，其中向城里销售1 000吨，向农村销售1 000吨。为了全部卖掉这些牛奶，奶牛场只能卖500美元一吨，每月能赚40万美元。

但是，城市居民的平均收入是农民的两倍多，对这些市民来说，牛奶已经成为生活必需品，并且花在牛奶上的钱占其整个生活支出的比重很小。即使奶价翻两番，即每吨卖2 000美元，市民对牛奶的需求也基本不会下降。而农民很穷，每吨500美元是他们能够承受的上限，超过这个价格他们就不会买牛奶了。

因此，如果只卖给城市居民，每吨卖2 000美元，虽然只能卖1 000吨，但是一个月可以赚200万美元。

倒掉多余的1 000吨牛奶后，接下来宰杀掉1 000头奶牛，辞掉部分工人，把多余的牧场和养牛场租出去，这样每月的生产成本可以降到30万美元。销售收入200万美元，每月纯利润就是170万美元。

问题：

1. 为什么学者建议奶牛场场主把牛奶倒入大海？

2. 生产厂商是如何达到均衡的？

任务分析

导致将牛奶倒入大海这种事件的根本原因是市场垄断。倒掉牛奶这种行为从一般意义上讲，就是宁可闲置生产能力也不愿增产降价，其目的是维持垄断高价带来的高利润。

该案例的实质是引导读者认识完全垄断市场的含义和条件等问题。

相关知识

一、完全垄断及其市场条件

1. 完全垄断的含义

完全垄断是指在市场上整个行业只有一家厂商。

2. 完全垄断的市场条件

导致完全垄断的原因一般有：

一是厂商控制了原料来源。如果一个厂商控制了用于生产某种产品的原料来源，该厂商就可能成为一个垄断者。

二是规模经济。如果某种产品需要大量固定设备投资，大规模生产可以使成本大大降低，那么，一个大厂商就可能成为该行业的唯一生产者。由一个大厂商供给全部市场需求时平均成本最低，两个或两个以上厂商在该市场上经营就难以获得利润。在这种情况下，该大厂商就形成了自然垄断。这在一些公用事业如供水、地铁行业中最为普遍。

三是厂商拥有专利权。为促进新的创造发明，发展新产品和新技术，法律以专利的形式赋予某厂商使用某种生产技术或生产一定产品的唯一权力，该厂商便成为垄断者。

四是政府赋予厂商某种市场特权。在某种条件下，由于厂商同意政府对其某些行为和经营活动进行调节，作为交换，厂商可以得到政府给予的在一定地区单独生产某种物品或提供某种劳务的特权。

二、完全垄断市场上的需求曲线

在完全垄断条件下，某个厂商控制了某种产品的市场供给，厂商和行业合而为一，因此垄断厂商所面对的需求曲线也就是该产品的市场需求曲线。这时，需求曲线就是一条表明需求量与价格成反方向变动的向右下方倾斜的曲线，如图 5—2—1、图 5—2—2、图 5—2—3 所示。

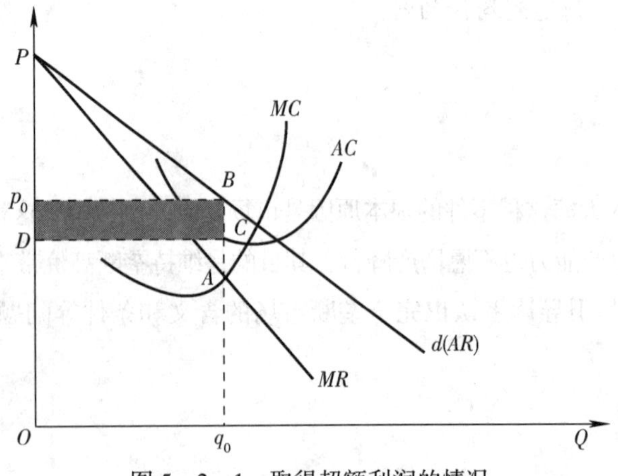

图 5—2—1　取得超额利润的情况

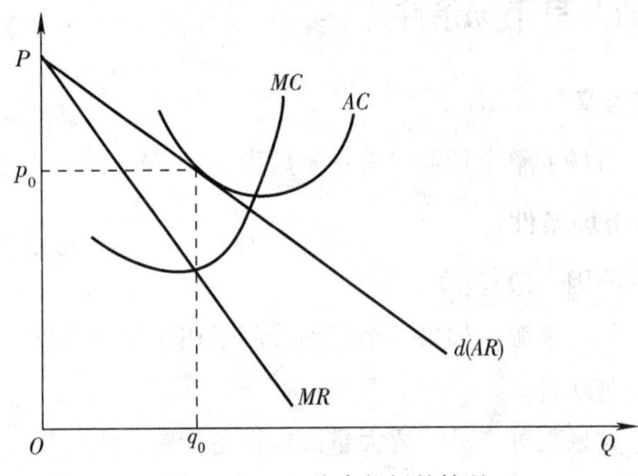

图 5—2—2　收支相抵的情况

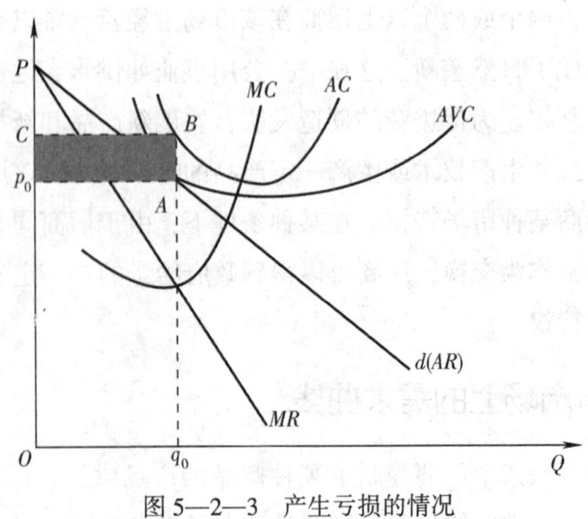

图 5—2—3　产生亏损的情况

三、完全垄断厂商的均衡

在垄断市场上，厂商可以通过对产量和价格的控制来实现利润最大化。但居于完全垄断地位的厂商也并不能为所欲为，要受到市场需求状况的限制。厂商仍然需要根据边际收益等于边际成本的原则来决定产量。这种产量决定后，短期内难以完全根据市场需求进行调整。这样，也可能出现供大于求或供小于求的状况，当然也可能是供求相等。在短期内垄断厂商可能获得超额利润，也可能只获得正常利润，也可能是亏损，如图5—2—1、图5—2—2、图5—2—3所示。

在图5—2—1中，边际收益曲线 MR 与边际成本曲线 MC 的交点 A 决定了产量为 q_0，从 A 点向上的垂线与需求曲线 AR 相交于 B 点，决定了价格水平为 p_0。这时总收益为平均收益（价格）与产量的乘积，即 $p_0 \cdot q_0$，总成本为平均成本与产量的乘积，即 $D \cdot q_0$。总收益大于总成本，$(p_0-D) \cdot q_0$ 为超额利润（即图中的阴影部分）。

同理，在图5—2—2中，总收益与总成本相等，收支相抵，只有正常利润。

在图5—2—3中，总成本 $C \cdot q_0$ 大于总收益 $p_0 \cdot q_0$，亏损为 $(C-p_0) \cdot q_0$。A 点为停止营业点，如果价格再低，就无法再生产了。

所以，垄断市场上短期均衡的条件是边际收益=边际成本，即：

$$MR=MC$$

任务实施

首先要明确，任务引入的案例中所提到的牛奶市场是一个完全垄断市场。

在垄断市场上，垄断企业实现利润最大化的关键是确定一个合理的价格。由于垄断企业控制了一个市场的全部供给，所以其可以通过改变产量来决定价格，既可以减少产量定高价，也可以增加产量定低价。在案例中所提到的牛奶市场中，奶牛场场主是市场上唯一的供应者，可以控制整个牛奶市场，因而该市场是一个完全垄断市场，奶牛场场主可以通过减少产量来提高价格，增加利润。

奶牛场场主把牛奶倒入大海，就是要减少市场上牛奶的数量，达到提价的目的，进而达到完全垄断厂商的均衡，并实现自身利益最大化。

在实现利润最大化的同时，垄断者在定价时必须考虑市场需求，因为市场需求也是决定价格的重要因素之一。垄断者可以定高价，但如果消费者拒绝购买，垄断者也无法实现利润最大化。例如，在本案例中，农民在牛奶涨价后就不再购买。

在实行单一定价时，垄断企业可以高价少销，也可以低价多销。采用哪一种定价方式取决于企业如何确定利润最大化目标，并受需求方的制约。一般来说，当某种产品需求缺乏弹性时，垄断企业采用高价少销的方式对其有利；当某种产品需求富有弹性时，垄断企业采用低价多销的方式对其有利。在本案例中，奶牛场场主采用的就是高价少销的策略，原因就在于，城市居民对牛奶的需求缺乏弹性。

思考题

1. 列举出身边接近于完全垄断市场的例子。

2. 有人认为微软公司是垄断者，有人认为微软公司不是垄断者。试收集有关资料并加以分析。

3. 完全垄断的市场条件有哪些？

知识链接

垄断企业的定价策略：单一定价与歧视定价

有的垄断企业对卖给不同消费者的同样产品确定了相同的价格，即卖出的每一单位产品的价格都是相同的，这种定价策略称为单一定价。

在垄断市场上还有另一种定价策略——歧视定价。歧视定价就是对于同样的商品，垄断企业向不同的消费者制定不同的价格。歧视定价可以实现更大的利润，其基本原则是：对需求富有弹性的消费者制定低价，对需求缺乏弹性的消费者制定高价。这样，需求富有弹性的消费者在低价时会增加需求量，导致企业总收益增加；需求缺乏弹性的消费者在高价时不会减少需求量，从而企业总收益也增加。

一般根据价格差别的程度把价格歧视分为三种类型。一是一级价格歧视，又称完全价格歧视，这是指垄断企业了解每一个消费者为了能购进每一单位产品所愿付出的最高价格，并据此来确定每一单位产品的价格，完全价格歧视就是每一单位产品都有不同的价格；二是二级价格歧视，这是指垄断企业了解消费者的需求曲线，把这种需求曲线分为不同的几段，根据不同的购买量确定不同的价格；三是三级价格歧视，这是指垄断企业对不同市场的不同消费者制定不同的价格，在这种情况下，垄断企业可以在实行高价格的市场上获得超额利润。

与单一定价相比，歧视定价获得的利润更多，但为什么垄断者并不能普遍采用歧视定价呢？因为实行歧视定价必须满足两个条件。第一，实行歧视定价的商品不可转售，如果商品可以转售，歧视定价就没有意义了，因为低价购买者可以把这种商品再转手卖出去从而获利，企业的总收益就不会增加；第二，要能用一个客观标准把消费者分为需求缺乏弹性者和需求富有弹性者。在现实中，满足上述两个条件的情况并不常见，所以垄断者不能普遍采用歧视定价。

任务3 垄断竞争市场和寡头垄断市场的厂商均衡

知识目标

- ➢掌握垄断竞争市场的形成条件
- ➢掌握垄断竞争市场中的厂商均衡
- ➢掌握寡头垄断市场的特征

能力目标

- ➢能够分析垄断竞争市场和寡头垄断市场中价格、产量如何确定

任务引入

案例1 三家餐饮企业的经营策略

在餐饮市场上，曾经有几家企业风靡一时。其中，四川名菜“周鲶鱼”以长江上游所产鲶鱼为主打特色，肉质细腻鲜美，烹制秘方极为保密。20世纪80年代，北京的居德林素菜餐厅适应居民膳食结构的变化，引进上海功德林的素菜并结合北京人的口味进行了创新，开发了红白两大类上百种素菜系列，在市场上独树一帜。重庆的龙溪镇辣螃蟹火锅以老火锅、螃蟹火锅、小龙虾火锅、乌江鱼和烧鸡公火锅闻名，采用独家秘方烹制，曾经十分红火。

问题：

1. 餐饮市场有什么特点？

2. 以上三家餐饮企业在激烈的市场竞争中采取了什么样的竞争策略？

案例2 雷克航空公司的搏斗

1977年，英国人弗雷迪·雷克闯进航空运输市场，开办了一家名为“雷克”的航空公司。他经营的是从伦敦飞往纽约的航班，票价是135美元，远远低于当时其他航空公司的最低票价382美元。雷克公司一成立便生意兴隆，到1981年雷克公司的年营业额达到5亿美元，这让他的对手们（包括一些世界知名的老牌航空公司）感受到空前的压力。但是好景不长，雷克公司于1982年即告破产，从此消失。

原因何在？其实很简单，包括泛美、环球、英航等公司在内的竞争对手们采取联合行动，一致大幅降低票价，甚至低于雷克公司的票价。这些公司约定，一旦雷克公司消失，他们的票价马上回升到原来的高水平。这些公司还达成协议，运用各自的影响力阻止各大金融机构向雷克公司贷款，使其难以筹措到借以抗争的资金，从而进一步加速雷克公司的破产。

但弗雷迪并不甘心，他根据美国反垄断法，起诉上述公司联手实施价格垄断，为了

驱逐一个不愿意接受其“游戏规则”的公司，竟然不惜采用毁灭性的价格来达到目的。1985年8月，被告各公司共以800万美元同雷克公司达成庭外和解，雷克公司撤回起诉。1986年3月，泛美、环球和英航三大公司一致同意设立一项总额为3 000万美元的基金，用于补偿在雷克公司消失后的几年中，以较高票价搭乘这几家公司航班飞越大西洋的20万名旅客的损失。

问题：

雷克航空公司的昙花一现说明了什么问题？

任务分析

这两个案例的实质是引导读者认识什么是垄断竞争市场和寡头垄断市场。

相关知识

一、垄断竞争市场

垄断竞争市场是一种垄断与竞争并存的市场结构，该市场中有许多厂商生产和销售有差别的同种产品。垄断竞争市场的形成有以下三个条件：

1. 大量的厂商生产有差别的产品，这些产品彼此都是非常接近的替代品，例如牛肉面和鸡丝面。这里的产品差别不仅包括产品客观上的品质差别，还包括消费者对产品产生的主观感受差别。例如，有两家饭店出售的同一菜肴（如清蒸鱼）在品质上没有多大差别，但是消费者在心理上却可能认为一家饭店的清蒸鱼比另一家的鲜美。产品差别是导致垄断的直接原因。一般来说，产品差别越大，生产该产品的厂商垄断程度就越高。另一方面，由于有差别的产品之间可以相互替代，而且生产厂商很多，每一种产品都会面临其他大量同类产品的竞争，这种竞争有时是非常激烈的。

2. 同一生产集团中的厂商非常多，以至于每家厂商都认为自己的行为对整体影响很小，竞争对手不会对此做出反应或者采取行动，因而每家厂商都预期其行为不会受到竞争对手的制裁或报复。

3. 资源流动比较自由，厂商进入或退出某个生产集团不受限制。

在现实生活中，垄断竞争型的市场组织在零售业和服务业中是很普遍的，例如修理业、糖果零售业等。

二、垄断竞争市场中的厂商均衡

在短期内每一个垄断竞争的厂商都是一个垄断者，它以自己的产品特性在一部分消费者中形成垄断地位。而且，短期内其他厂商生产不出能够与之竞争的有差别产品。垄断竞争市场中厂商短期均衡的条件与在垄断市场中的条件一样是：

$$MR=MC$$

在长期内，垄断竞争的市场上也存在着激烈的竞争。当短期内有超额利润存在时，竞争的结果是存在替代性的各种有差别产品的价格下降，如图 5—3—1 所示。

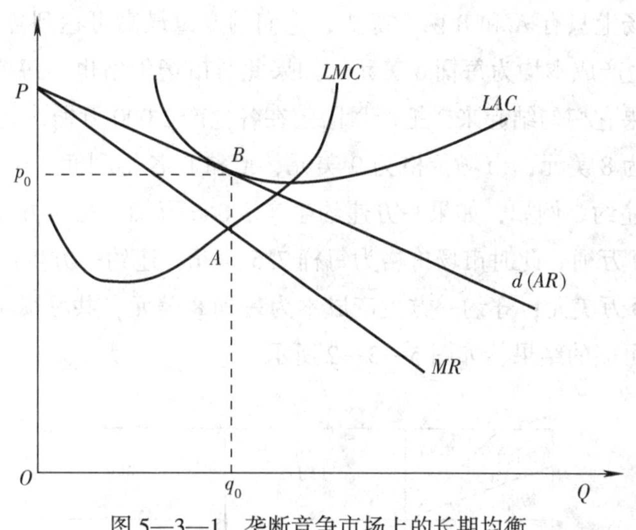

图 5—3—1 垄断竞争市场上的长期均衡

图中，长期边际成本曲线 *LMC* 与边际收益曲线 *MR* 的交点 *A* 决定了产量为 q_0。由 q_0 做一条垂线，与需求曲线 *d*（*AR*）相交于 *B* 点，决定了价格水平为 p_0。这时，总收益为平均收益（价格）乘以产量，即图中的 Op_0Bq_0 区域。总成本为平均成本 *AC* 乘以产量，即图中的 Op_0Bq_0 区域。此时，总收益与总成本相等，实现了长期均衡。所以，垄断竞争市场上长期均衡的条件是：

$$MR=MC，AR=AC$$

三、寡头垄断市场及其特征

寡头垄断市场是介于完全垄断和垄断竞争之间的一种市场模式，是指少数几家大厂商控制某种产品绝大部分供应的市场。寡头垄断市场具有其他市场结构所没有的一个重要特征：寡头之间的行为是相互依存的。在完全竞争市场与垄断竞争市场上，厂商数量都相当多，各厂商都独立做出自己的决策，而不用考虑其他厂商的决策或对自己决策的反应。在寡头垄断市场上，少数几家厂商生产一个产业的全部或绝大部分产量，因此每家厂商都会对该市场产生举足轻重的影响。它们各自在价格或产量方面决策的变化都会影响其他竞争者。因此，寡头垄断市场上各厂商之间存在着极为密切的关系。每家厂商在做出价格与产量的决策时，不仅要考虑自身的成本与收益情况，还要考虑到这一决策对市场的影响，以及其他厂商可能做出的反应。这就是寡头之间的相互依存性。

寡头垄断市场的特征具体表现为以下三点：

1. 对产量与价格问题，它很难给出像前三种市场那样确切而肯定的答案。

2. 价格和产量一旦确定以后，就有其相对稳定性。

3. 各寡头之间的相互依存性使它们更容易形成某种形式的勾结。

寡头垄断市场上的寡头行为可以用博弈论的方法来进行分析。

假设石油市场上只有 A 和 B 两个寡头，它们的产量最高可达到各生产 3 000 万桶，共 6 000 万桶，生产成本均为每桶 6 美元。如果此时市场价格也是每桶 6 美元，A 和 B 都没有利润。如果它们勾结起来，把产量限定在各生产 2 000 万桶，共生产 4 000 万桶。这时，每桶成本为 8 美元，市场价格为 9 美元，A 和 B 各得利润 2 000 万美元。但是，A 和 B 都有可能违约。例如，如果一方违约生产 3 000 万桶，另一方守约生产 2 000 万桶，共生产 5 000 万桶。此时市场价格为每桶 7. 5 美元，违约一方生产成本为每桶 6 美元，共获利 4 500 万美元；守约一方生产成本为每桶 8 美元，共亏损 1 000 万美元。综合起来共有 4 种可能的结果，如图 5—3—2 所示。

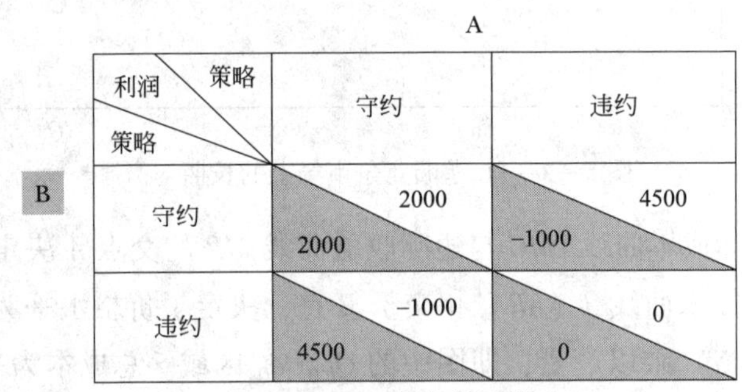

图 5—3—2　寡头的困境

如果对 A 的选择进行分析，则有以下结论：

在 B 守约的前提下，A 如果选择守约，利润为 2 000 万美元；如果选择违约，获利 4 500 万美元。两者相比，在 B 守约时，A 选择违约有利。

在 B 违约的前提下，A 如果选择守约，亏损 1 000 万美元；如果选择违约，没有亏损也没有利润。两者相比，在 B 违约时，A 选择违约有利。

结论是：无论 B 选择守约还是违约，A 选择违约对自己都是有利的。

B 的推理过程与 A 相同。这样 A 与 B 都会选择违约，最终结果是双方都无利润。这也说明，尽管两个寡头合作（守约）对双方均有利，但这种合作有时却是存在悖论的。

任务实施

在任务引入的案例 1 中，餐饮业有着典型的垄断竞争型市场的特征。在这样的市场里，由于不同企业生产的同种产品之间存在着差异，企业为取得竞争优势，除了降低自己的成本外，还有价格竞争策略、产品差异化策略、促销策略三种竞争策略可供采用。案例中的三家餐饮企业就是采用了产品差异化策略，致力于打造自己产品的特色，从而取得了竞争优势。

在任务引入的案例 2 中，雷克航空公司之所以昙花一现，是因为航空运输市场是一个寡头市场。该市场厂商数量很少，厂商进入或退出市场有很高的壁垒。由于寡头企业是相互依存的，因此泛美、环球和英航等公司联合起来降低票价，并针对雷克公司设置了很高的壁垒，造成了雷克公司的破产。

思考题

1. 案例 2 中所提到的价格战从长远看是否对社会有利？政府是否应该限制价格战？为什么？

2. 列举出身边的垄断竞争市场的例子，并分析该类市场中企业的竞争策略有什么不同。

3. 垄断竞争市场与寡头垄断市场有何不同？

知识链接

博弈论

博弈论也叫对策论，是研究具有不同利益的决策者在利益相互制约的情况下如何决策以及决策的总体效果的理论。博弈论源于对象棋、扑克等游戏各方得失的研究，广泛应用于经济学领域。

在博弈过程中，你的选择必须考虑其他人的选择，而其他人的选择也必须考虑你的选择。你的结果不仅取决于你的行动选择，同时也取决于其他人的策略选择。你和这群人就构成了一个博弈。

博弈论对人的基本假定是：人是理性的，即人在具体策略选择时的目的是使自己的利益最大化。博弈论研究的是理性的人如何进行策略选择。

举例来说，如果有两只公鸡相遇，每只公鸡都有两个选择：一是后退，二是进攻。如果一方后退，而对方没有后退，则对方获得胜利；如果对方也后退则双方打个平手；如果自己没有后退，而对方后退，则自己胜利，对方失败；如果双方都前进，则两败俱伤。因此，对每只公鸡来说，最好的结果是：对方后退而自己不退。但是，这样的结果就是两败俱伤。

如果对本例进行量化，那么当两只公鸡均选择前进时，结果是两败俱伤，两者的收益一共是-2 个单位；当一方前进另外一方后退时，前进的公鸡获得 1 个单位的收益，后退的公鸡获得-1 个单位的收益；当两者均后退时，两者均获得-1 个单位的收益。

模块六　分配理论

任务1　货币工资的决定与变动

知识目标

- ➢掌握工资的含义与种类
- ➢掌握完全竞争市场上工资的决定因素和不完全竞争市场上的工资决定方式
- ➢掌握工会影响工资的方式

能力目标

- ➢能够正确理解我国影响工资的因素

任务引入

在《中国统计年鉴2017》中，我国2016年城镇非私营单位就业人员分行业年平均工资有关数据显示，年平均工资最高的三个行业分别是信息传输、软件和信息技术服务业（122 478元），金融业（117 418元），科学研究和技术服务业（96 638元），其年平均工资分别为全国平均水平的1.81倍、1.74倍和1.43倍。年平均工资最低的三个行业分别是农林牧渔业（33 612元），住宿和餐饮业（43 382元），居民服务、修理和其他服务业（47 577元），分别为全国平均水平的50%、64%和70%。最高行业与最低行业的年平均工资之比为3.64，与2015年的3.59相比，差距略有扩大。

问题：

为什么不同行业的工资水平不一样，而且最高行业与最低行业的年平均工资差距很大?

任务分析

上述案例反映出，不同行业的工资存在较大差距。本案例的实质是引导读者认识什么是工资，工资是如何决定的，不同行业、职业工资的差异性的决定机理是什么。

相关知识

一、工资的含义与分类

工资是劳动力所提供的劳务的报酬，也是劳动这种生产要素的价格。劳动者提供了劳动，就获得了作为收入的工资。

工资的常见分类有：

按计算方式分为按劳动时间计算的计时工资、按劳动成果计算的计件工资。

按支付手段分为以货币支付的货币工资、以实物支付的实物工资。

按购买力分为按货币单位衡量的名义工资（或称货币工资）、按实际购买力衡量的实际工资。

工资理论主要分析货币工资的决定与变动。

二、完全竞争市场上工资的决定因素

这里所说的完全竞争是指在劳动力市场上的完全竞争状况，无论是劳动力的买方还是卖方都不存在对劳动的垄断。在这种情况下，工资完全由劳动的供求关系决定。

1. 劳动的需求

厂商对劳动的需求取决于多种因素，例如市场对产品的需求、劳动的价格、劳动在生产中的重要性等，但主要还是取决于劳动的边际生产力。劳动的边际生产力是指在其他条件不变的情况下，增加一单位劳动后所增加的产量。劳动的边际生产力是递减的。

劳动的边际生产力越大，生产者对劳动的需求就会越大，反之需求就会越小。生产者对劳动的需求变化与劳动边际生产力的变化是同向的。由于劳动的边际生产力是递减的，即在图形上表现为一条向右下方倾斜的曲线，因此，劳动的需求曲线也是一条向右下方倾斜的曲线，如图 6—1—1 所示。图中横轴代表劳动的需求量，纵轴代表工资水平，*D* 为劳动的需求曲线。

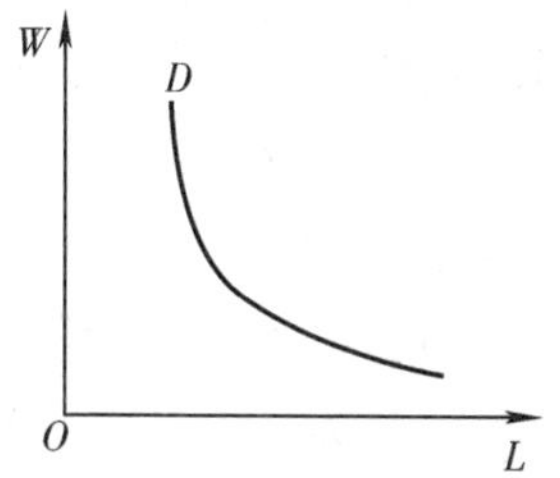

图 6—1—1 劳动的需求曲线

2. 劳动的供给

劳动的供给主要取决于劳动的成本。劳动成本包括两类：一类是实际劳动成本，即维持劳动者及其家庭生活所必需的生活资料的费用，以及劳动者的教育、培训费用；另一类是心理成本，包括牺牲闲暇时间等。心理成本对于劳动者来说是一种负效用，补偿

这种负效用的费用就是心理成本。

劳动供给取决于工资变动所引起的替代效应和收入效应。一方面，随着工资增加，由于替代效应的作用，劳动者用工作代替闲暇，从而劳动供给增加；另一方面，随着工资增加，由于收入效应的作用，劳动者需要更多闲暇，从而劳动供给减少。当替代效应大于收入效应时，劳动供给随工资增加而增加；当收入效应大于替代效应时，劳动供给随工资增加而减少。一般而言，当工资较低时，替代效应大于收入效应，随着工资上升，劳动供给增加；当工资达到某个较高水平时，收入效应大于替代效应，劳动供给减少。因此，劳动供给曲线是一条向后弯曲的供给曲线，如图 6—1—2 所示。

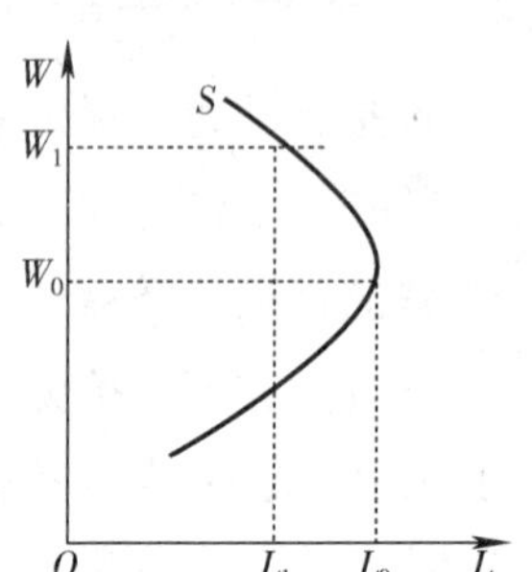

图 6—1—2　劳动的供给曲线

在图 6—1—2 中，横轴代表劳动的供给量，纵轴代表工资水平，曲线 S 代表劳动供给曲线。当工资为 W_0 时，劳动供给量为 L_0。在此之下，劳动的供给随着工资水平的提高而增加；在此之上，劳动的供给量反而趋向于减少。当工资提高到 W_1 时，劳动供给量减少到 L_1。这样的供给曲线被称为“向后弯曲的供给曲线”。

3. 工资的决定

在完全竞争的条件下，工资取决于劳动的需求与供给，工资的决定过程也就是劳动需求与劳动供给相互作用形成劳动均衡价格的过程。把劳动的需求曲线与劳动的供给曲线结合在一起，可得出工资和劳动的均衡数量，如图 6—1—3 所示。

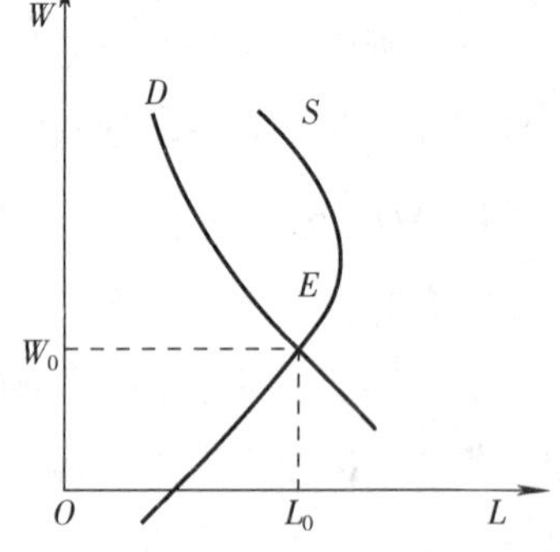

图 6—1—3　均衡工资的决定

在图 6—1—3 中，劳动的需求曲线 D 与劳动的供给曲线 S 相交于 E，这就决定了工资水平为 W_0。这一工资水平也等于劳动的边际生产力。这时劳动的需求量和供给量都为 L_0，形成了劳动市场的均衡。工资作为劳动的价格，与一般的商品价格一样，调节着劳动市场的供求平衡。

三、不完全竞争市场上工资的决定方式

不完全竞争的劳动市场是指劳动市场上存在着不同程度的垄断，其中包括劳动的供给垄断。在西方国家，工会与资方进行各种形式的经济斗争，通过集体的力量对劳动的供给和工资施加影响。工会一般是按行业组织的，例如美国的汽车工人联合会；也有的是跨行业的组织，如美国的劳工联合会—产业工会联合会（即劳联—产联）。工会不受政府或政党操纵，完全是独立的，它也不是像政党那样的政治组织，而只是维护工人权益的经济组织。在社会中，政府、工会、企业被认为是三个并列的组织。在工资决定过

程中，工资水平一般是由工会与企业协商确定的，政府在其间起一种协调作用。因为工会控制了入会的工人，而且工会的力量相当大，所以，工会在经济学中被视为劳动供给的垄断者，并以这种垄断来影响工资的决定。

我国企业的工资决定方式主要有两种：一是由企业单方决定，二是由工会代表职工与企业进行工资集体协商，或通过其他民主管理形式共同决定。

四、工会影响工资的方式

1. 增加厂商对劳动的需求

在劳动供给不变的条件下，增加厂商对劳动的需求不但会使工资增加，而且可以增加就业。这种方法对工资与就业的影响如图 6—1—4 所示。在图 6—1—4 中，劳动的需求曲线原来为 D_0，这时，D_0 与劳动供给曲线 S 相交于 E_0，决定了工资水平为 W_0。劳动的需求增加后，劳动的需求曲线由 D_0 移动到 D_1，与 S 相交于 E_1，决定了工资水平为 W_1，就业水平为 L_1。$W_1>W_0$，说明工资水平上升了；$L_1>L_0$，说明就业水平提高了。

工会增加厂商对劳动需求的主要方法是增加市场对产品的需求，因为劳动需求是由产品需求派生而来的。增加市场对产品的需求可以通过政府来增加出口，限制进口，实行贸易保护政策。在增加对产品的需求这一点上，工会与企业的利益是一致的。此外，机器对劳动的替代是劳动需求减少的一个重要原因，因此，工会也会反对用机器代替工人。尤其在工业化早期，这一方法被广泛使用。

2. 减少劳动的供给

在劳动需求不变的条件下，通过减少劳动的供给也一样可以提高工资。如图 6—1—5 所示，劳动的供给曲线由原来的 S_0 移动到 S_1，与劳动需求曲线 D 的交叉点从 E_0 移到 E_1，决定了工资水平从 W_0 提高到 W_1，就业水平由原来的 L_0 下降到 L_1。

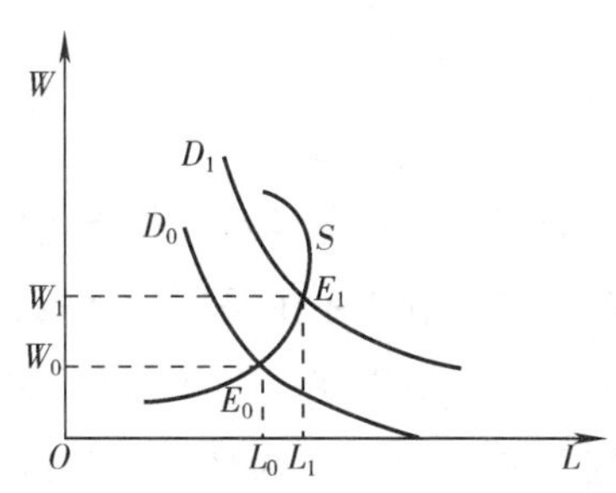

图 6—1—4　增加厂商对劳动需求的影响

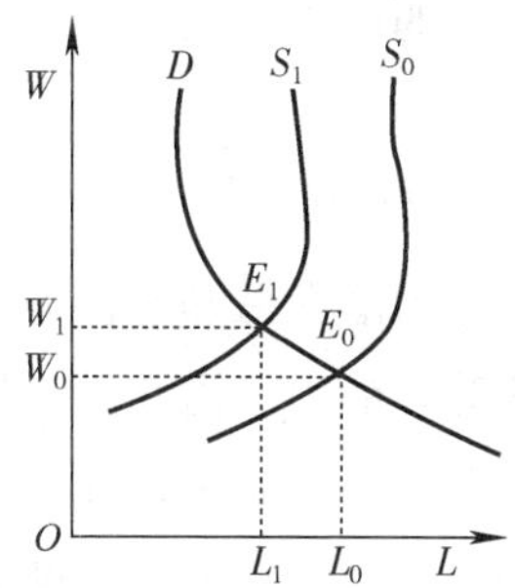

图 6—1—5　减少劳动供给的影响

工会减少劳动供给的方法主要有：限制非工会会员受雇、迫使政府通过强制退休法案、禁止使用童工、限制移民、减少工作时间等。

3. 实行最低工资限制

工会可以迫使政府通过立法规定最低工资。这样，在劳动供给大于需求时也可以使工资维持在一定的水平上。这种方法对工资与就业的影响如图 6—1—6 所示。

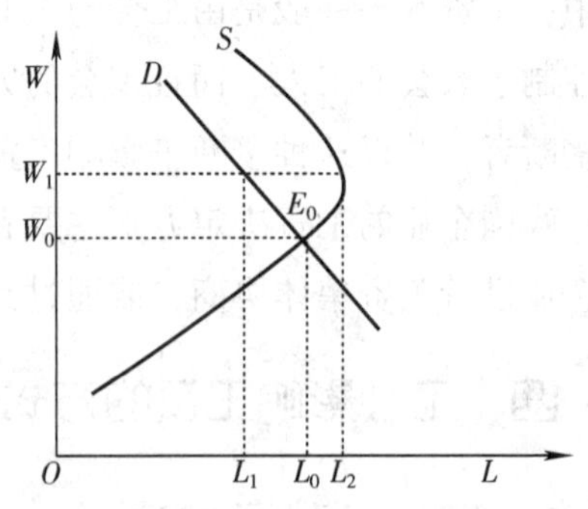

图 6—1—6　实行最低工资限制的影响

在图 6—1—6 中，劳动的需求曲线 D 与供给曲线 S 相交于 E_0，决定了工资水平为 W_0，就业水平为 L_0。如果规定的最低工资为 W_1，$W_1>W_0$，这样能使工资维持在较高的水平。但在这一工资水平时，劳动的需求量为 L_1，劳动的供给量为 L_2，$L_2>L_1$，有可能出现失业。

需要指出的是，西方工资理论是随着资本主义社会几百年的经济发展而逐步发展和完善起来的，它是西方国家历代学者在对当时社会经济发展过程中出现的种种问题进行思考的基础上总结出的理论，具有一定的科学性，对我国有着借鉴意义。但是，我国是一个发展中国家，无论是经济发展水平还是劳动力市场机制的完善程度都与西方发达国家存在较大差距，劳动力市场也存在一些与西方国家明显不同的特性。因此，在劳动力市场工资决定的问题上，不能照搬西方国家的理论，而应该从我国的国情出发，在借鉴西方理论的同时遵循我国经济自身的运行规律，完善劳动力市场，健全我国的工资机制。

五、影响工资的因素

影响工资的因素分为内在因素和外在因素两种。

1. 内在因素

影响工资的内在因素是指与劳动者所承担的工作或职务的特性、状况有关的因素，主要包括：

（1）劳动者的劳动

劳动可分为潜在劳动、流动劳动和物化劳动三种形态。潜在劳动形态是指蕴藏在劳动者身上的劳动能力。潜在劳动形态对工资的影响在不同工资体系中是不一样的，潜在劳动形态在职能工资制下比在年资工资制及职务工资制下更受重视。潜在劳动形态发挥的结果首先表现为流动形态的劳动，它可以用劳动时间来计量，成为计时工资的依据。流动形态劳动最终会凝结为物化劳动形态，它可以用生产的产品数量的多少或工作数量的多少来衡量，成为计件工资的依据。

（2）职务层级

职务既包含着权力，同时也负有相应的责任。这种责任的大小，是决定工资的重要依据。

（3）技术和训练水平

原则上，技术水平越高，所受训练层次越深，则应给予的工资越高。较高的工资不仅有报酬的含义，还有积极的激励作用，即促使劳动者不断地学习新技术，提高劳动生产水平，并从事更为复杂和技术要求更高的工作。

（4）工作的时间性

一些劳动者从事的是季节性或临时性的工作，这部分劳动者的工资无论是以小时、以周还是以月计算，一般都比正常水平偏高，其原因主要有三点：一是这些劳动者在工作期结束后，可能不容易找到工作，而在失业期间他们将没有收入来源；二是这些劳动者在受雇期间很可能得不到社会保障，因为雇主或企业通常不为他们支付劳动保险等费用；三是这些劳动者很可能不享受企业福利。所以，他们的工资应当适当高一些，以便为其生活提供一定的缓冲。

（5）工作的危险性

有些工作具有危险性，伤害人体健康，甚至危及人的生命，还有些工作环境比较恶劣，从事这些工作的劳动者，他们的工资就应当比在舒适安全的工作环境中工作的人的工资要高。这种高工资一方面用于补偿他们的体能消耗、精神压力和健康风险，另一方面，从心理学的角度来说也是一种鼓励和安慰。

（6）工龄

从理论上讲，工龄并不能体现劳动者的劳动能力，也不能体现劳动者的劳动成果，因此对工资的影响应当较小。但在现实中，工龄往往是影响工资的一个很重要的因素，这主要是由于，需要借此补偿劳动者过去的投资，保持平滑的年龄收入曲线，减少劳动力流动。将连续工龄与工资收入挂钩能起到稳定职工队伍、降低企业成本的作用。

2. 外在因素

影响工资的外在因素是指与工作的状况、特性无关，但对工资的决定构成重大影响的一些经济因素。与内在因素相比，外在因素更为具体而易见。外在因素主要包括生活费用与物价水平、企业负担能力、地区和行业间通行的工资水平、劳动力市场的供求状况、劳动力的潜在替代物、产品的需求弹性等。

任务实施

劳动力工资由劳动力市场供给曲线与需求曲线的交点决定。劳动力的需求曲线向右下方倾斜，表明随着劳动力供给的增加，劳动力的边际产出递减。劳动力的供给曲线向后弯曲，表明工资高过一定的限度后，货币收入的边际效用不足以抵补劳动的边际负效用，劳动力的供给反而减少了，这是工资决定的一般性机理。

不同行业或职业工资的差异性问题是由多种因素决定的。第一，某些行业或职业所需的人力资本素质较高，造成劳动力市场供给不足，如信息业与金融业的高工资与其对人力资本素质要求较高等因素有关。第二，各行业或职业创造的价值存在差异，如金融业和互联网业的高端人才能直接创造出巨大的价值，因此利益分配的占比也更大，而一些传统行业和行业中的普通人员直接创造的价值相对有限，因此利益分配的占比就偏小。第三，劳动力的不可替代性也是决定其工资水平的重要因素，这种不可替代性是由市场决定的。

思考题

1. 工资分为哪几种？
2. 完全竞争市场和不完全竞争市场上的工资各是如何决定的？
3. 我国影响工资的内在因素有哪些？

知识链接

一、生产要素的含义及分类

生产要素就是生产中投入的各种资源，一般包括劳动、资本、土地和企业家才能四种基本生产要素，生产就是这四种生产要素共同作用的过程。其中，资本在严格意义上包括人力资本和物质资本；土地包括生产中使用的各种自然资源，如土地、水、矿藏等；企业家才能指企业家对整个生产过程的组织与管理才能。经济学认为，要将土地、资本和劳动组织起来进行现实的生产，关键在于企业家才能，例如，不同的经理人管理的企业，效率差异往往是很大的。

19 世纪的西方经济学家们习惯于把生产要素分为三类，即土地、劳动、资本。直到 19 世纪末，第四种生产要素——企业家才能才被“发现”。于是，四位一体的分配论才建立起来。即在生产中，工人提供了劳动，获得工资；资本家提供了资本，获得了利息；地主提供了土地，获得了地租；企业家提供了才能，获得了收入。也就是说，各种生产要素都根据自己在生产中所做的贡献获得了相应的报酬。

二、影响工资的因素

1. 劳动需求角度的因素

（1）产品的需求弹性

劳动的需求是一种派生需求，取决于对产品的需求。在产品需求弹性大的情况下，如果工资增加则会引起产品价格上升，进而使产品需求减少，工资也就无法增加；反之，如果产品需求弹性小，则工资增加较为容易。

（2）成本中所占的比例

如果劳动在总成本中所占比例大，则工资增加对总成本影响较大，工资的增加就有限；如果劳动在总成本中所占比例小，工资增加对总成本影响不大，则工资增加就比较容易。

（3）劳动的可替代性

如果劳动不易被其他生产要素替代，则提高工资比较容易；如果劳动容易被其他生产要素替代，则工资提高就非常有限。

2. 劳动供给角度的因素

（1）工会所控制的工人数量

如果工会控制的工人多，工会力量强大，则易于增加工资。也就是说，工会的垄断程度越高，则增加工资的力量越大。

（2）工人的流动性

如果工人流动性大，某一行业或地区可以从其他来源得到工人，则工会难以增加工资。

（3）工会基金的规模

如果工会保证罢工期间工人生活的基金多，提高工资就比较容易。

工会提高工资的斗争能否成功在很大程度上还取决于整个经济形势的好坏，以及劳资双方的力量对比、政府干预的程度与倾向性、工会的斗争方式与艺术、社会对工会的同情等因素。

任务 2　利率的决定及利息的作用

知识目标

- 掌握利息和利率的含义
- 掌握利息收入的合理性

能力目标

- 能够分析利率是如何决定的

任务引入

中国人民银行曾在2007年12月21日调整了金融机构人民币存款和贷款基准利率。一年期存款基准利率由3.87%提高到4.14%，上调0.27个百分点；一年期贷款基准利率由7.29%提高到7.47%，上调0.18个百分点；其他各档次存款和贷款基准利率相应调整。存款利率上调之后，记者走访了当时北京的各大银行，发现不少刚刚办理定期储蓄的市民，尤其是中老年人，纷纷到银行按新利率办理转存手续，引发了银行储蓄定期转存的高潮。以下是记者当时的采访记录：

记者：最近来转存的人多吗？

某银行大堂经理：自从加息以来，来转存的人就很多，最近人多的原因就是这个。

百姓甲：我上次存了不到1个月，现在利息涨了，我把它重新存一下。

百姓乙：利息涨了，我来转存。

百姓丙：现在利息涨了，我就把活期的钱存成定期。

百姓丁：利息上调得不是很多，0.27个百分点，再交5%的利息税，就不剩多少了，还不如去投资股票。一般老百姓怕风险，存着保险。

问题：

1. 引发银行储蓄定期转存高潮的原因是什么？
2. 利率作为重要的经济杠杆，它的作用是怎样发挥的？
3. 在我国如何才能充分发挥利率的作用？

任务分析

利率的高低会对居民的存款需求产生直接而广泛的影响。本案例的实质是通过居民对利率调整的反应这一现象，来引导读者认识利率这一金融工具在经济中的作用。

相关知识

一、利息和利率的含义

1. 利息

利息是资金时间价值的表现形式之一，从形式上看，是货币所有者因为借出货币资金而从借款者手中获得的报酬，是借款者使用货币资金必须支付的代价。利息实质上是利润的一部分，是利润的特殊转化形式。

2. 利率

利率也叫利息率，是国家对经济进行宏观调控的一种重要手段，是一定时期内利息额同本金的比率。

利率的高低主要取决于两个因素：一是平均利润率的高低，二是资本市场上的供求关系即借贷资本的供求状况。

在现实经济生活中，影响利率的因素还有借贷风险的大小、借贷时间的长短、价格变动的预期、国家的货币金融政策以及宏观经济的走势等。

利率有下降的趋势。这是因为平均利润率有下降的趋势，而借贷资本有供过于求的趋势。

二、利息收入的合理性

1. 使用资本需要付出利息

经济学家基于时间偏好概念，认为在未来消费与现期消费中，人们更喜欢现期消费。这是因为，现在增加一单位消费所带来的边际效用大于未来增加一单位消费所带来的边际效用。由于未来是难以预期的，所以人们对物品现期效用的评价总是大于对物品未来效用的评价。因此，放弃现期消费，把货币作为资本就应该得到利息作为报酬。

2. 资本能够带来利息

资本能够带来利息，可以用迂回生产理论来解释。迂回生产就是先生产生产资料，然后用生产资料去生产消费品，现代社会的生产就是迂回生产。

迂回生产具有较高的生产率，例如，用机器操作的生产率高于手工劳动的生产率。迂回生产需要使用大量资本，因此，在现代资本主义社会中，资本便成为一种生产要素。

资本这种生产要素与劳动和土地有所不同，劳动和土地自然属性突出，而资本是在经济运行过程中与劳动和土地发生作用的产物。因而，劳动和土地通常被称为初级生产要素，资本则被称为中间性生产要素。资本既然是一种生产要素，便也有其收入，这就是利息。从资本的筹措方面看，实行迂回生产需要先将资源用于生产资本品，这意味着对当前消费的牺牲和对未来消费的等待，对这种牺牲和等待是需要付给报酬的。从资本的生产方面看，迂回生产比直接生产有更高的生产率，而这种较高的生产率是由于资本在背后发挥作用，因此它产生的收入应当归于资本所有者。

三、利率的决定

对资本的需求主要来自企业投资的需求，可以用投资代表资本的需求。资本的供给主要来自储蓄，可以用储蓄代表资本的供给。这样就可以用投资和储蓄来说明利率的决定。

厂商借入资本进行投资，是为了追求利润最大化。利润率水平比利率水平越高，厂商就越愿意投资；利润率水平越是接近利率水平，厂商投资的意愿就越低。在利润率水平不变的情况下，厂商投资与利率的高低成反方向变动。因此资本的需求曲线与一般商品类似，也是一条向右下方倾斜的曲线。

资本的供给是由家庭牺牲当前消费而进行储蓄形成的。储蓄的目的是将来能得到更多的消费。西方经济学把资本看作“节欲”，是为了“等待”更多的未来消费。所以资本的供给者应该得到“节欲”和“等待”的报酬，这个报酬就是利息。储蓄可以获得利息，人们的储蓄意愿与利率的高低是成同方向变动的。利率越高，人们得到的报酬也就越多，就越愿意增加储蓄；利率降低，人们会减少储蓄。因此，资本的供给曲线也同一般商品的供给曲线一样，是一条向右上方倾斜的曲线。

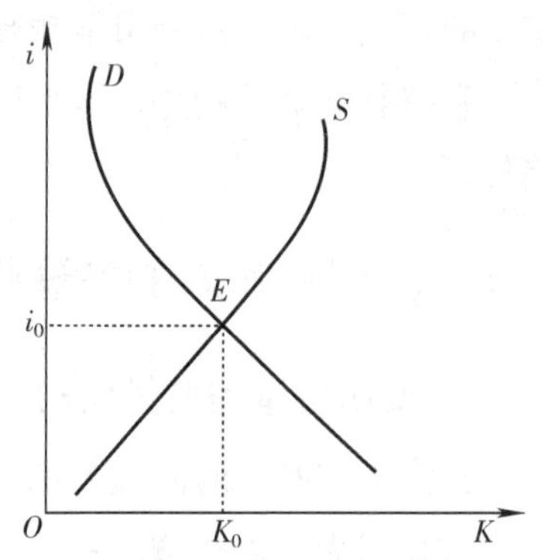

图 6—2—1　均衡利率的决定

利率的决定过程，就是资本的需求与供给相互作用而形成资本均衡价格的过程。资本的需求曲线与供给曲线相交会形成均衡点，均衡点所代表的价格就是资本的均衡价格，也即能够实现供求平衡的利率。如图 6—2—1 所示，横轴代表资本量，纵轴代表利率，D 为资本的需求曲线，S 为资本的供给曲线。这两条曲线相交于 E 点，决定了均衡利率为 i_0，均衡资本量为 K_0。

任务实施

利息是资金所有者由于借出资金而取得的报酬。储蓄可以获得利息，人们的储蓄意愿与利率的高低是成同方向变动的。利率越高，人们越愿意增加储蓄；利率降低，人们会减少储蓄。因此，人民币存款利率上调是引发银行储蓄定期转存高潮的原因。

利率作为经济杠杆，具有以下经济功能：

1. 联系国家、企业和个人，沟通金融市场与实物市场，连接宏观经济与微观经济。
2. 对国民收入进行分配与再分配。
3. 协调国家、企业和个人三者利益。
4. 推动社会经济发展。
5. 把重大经济活动控制在平衡、协调、发展所要求的范围之内。

在宏观经济活动中，利率通过影响储蓄收益可以调节社会资本的供给，例如提高利率可以增加居民储蓄；通过对投资成本的影响可以调节社会投资总量和投资结构，例如提高利率会减少社会投资总量，而差别利率可以调节社会投资结构；总储蓄和总投资的变动会影响社会总供求。在微观经济活动中，利率可以通过影响企业的生产成本与收益促使企业改善经营管理，通过改变储蓄收益影响居民的储蓄倾向和储蓄方式，影响个人的经济行为。

但是，利率发挥作用是有条件的，它一方面要受到利率管制政策、授信限额、市场开放程度、利率弹性等外部因素的影响，另一方面还要求具备完善的利率机制，包括市场化的利率决定机制、灵活的利率汇率联动机制、适当的利率水平、合理的利率结构等。如果利率机制本身存在缺陷，那么利率的杠杆性作用也很难发挥出来。因此，要充分发挥利率的杠杆性作用，就要强调市场在利率决定中的重要作用，使政府对利率的调控间接化。中央银行应建立以经济手段和法律手段为主的间接调控体系，使存款准备金政策、再贴现政策和公开市场业务三大货币政策工具都能影响利率，并使反映市场供求的利率水平和利率结构符合国民经济和整个社会发展的需要；商业银行体系对利率的升降变化应当有相当的灵敏度；微观经济主体的融资行为要建立在健全的利益机制基础上，并对利率保持较高的弹性。

思考题

1. 什么是利率？影响利率的因素有哪些？
2. 西方经济学家如何论述利息收入的合理性？
3. 利率的经济功能有哪些？

知识链接

威廉·配第（1623—1687）是英国古典政治经济学的创始人、统计学家。他出生于英国的一个手工业者家庭，从事过许多职业，如商船服务员、水手、医生、音乐教授。他头脑聪明，学习勤奋，敢于冒险，善于投机，晚年成为拥有大片土地的大地主，还先后创办了渔场、炼铁企业和铝矿企业。马克思对配第的人品是憎恶的，但是，对他的经济思想给予了极高的评价，称他为“现代政治经济学的创始者”“最有天才和最有创见的经济研究家”，并认为他是“政治经济学之父，在某种程度上也可以说是统计学的创始人”。

威廉·配第最著名的经济学著作是《赋税论》。他的主要贡献是最先提出了劳动决定价值的基本原理，并在劳动价值论的基础上研究了工资、地租、利息等领域。

任务3　地租的决定

知识目标

- 掌握地租的性质
- 掌握地租的决定

能力目标

- 能够解释级差地租形成的原因

任务引入

土地差异对经济生活的影响几乎无处不在。在日常生活中，经常可以看到以下这些情形：

同一地区的不同乡村，虽然种植同一种农作物，但产量有时却相差很大，那些土地肥沃、水利灌溉条件较好的地方，产量可能是土地贫瘠、干旱缺水地方的数倍。

位于偏僻地区的农民，在出售他们种植的粮食、水果等农产品时，价格往往很难占据优势，因为他们通常要付出更高的运费成本。

很多城市中都有一个或多个商贸活动较为活跃的区域，这些区域往往交通便利、配套完善、人流量大，因而在这些区域聚集的商户也比其他地方多。这些商户通常能取得较高的利润，但同时这些地段的店铺租金也比较高。相反，那些较偏的地段，虽然店铺租金低，但由于客流较少，商户能赚取的利润也比较低。表6—3—1是某市某一年中商业用地平均利税和级差收入有关数据，这些数据反映出城市土地位置差异和经济效益之间的某些关系。

表6—3—1　　某市某年商业用地平均利税和级差收入统计表

市辖区	商店户数	利润税金（元/平方米）	级差收入（元/平方米）	级差收入占利税比重（%）
A	97	5 086	1 768	37.8
B	41	3 971	1 306	33.3
C	33	3 651	942	25.8
D	33	2 298	818	35.6
E	22	2 118	588	27.8
F	19	1 143	332	29.0
G	19	954	231	24.9
H	2	440	92	20.9
I	14	989	0	0

问题：

1. 为什么在社会主义初级阶段级差地租依然存在？

2. 城市经济中的级差地租有何特点？

任务分析

在现实生活中，由于土地肥沃程度的差别和地理位置的不同，土地、房屋的出租价格存在很大差异。上述案例的实质是引导读者认识什么是地租和级差地租，以及它们是怎样形成的。

相关知识

一、地租的性质

地租是土地这种生产要素的价格，土地所有者提供了土地，得到了地租。地租的产生首先源于土地本身的生产力，也就是说，地租是利用土地原始的、土壤的、不可摧毁的力量的报酬；其次，土地作为一种自然资源，具有数量有限、位置不变、不可再生的特点，这就决定了土地的供给曲线与其他生产要素的供给曲线有很大的区别。

二、地租的决定

土地的需求取决于土地的边际生产力。土地的边际生产力也是递减的，即在技术水平和其他生产要素数量一定时，增加一单位土地所带来的边际收益也是递减的。因此，土地的需求曲线也是向右下方倾斜的，如图 6—3—1 所示。

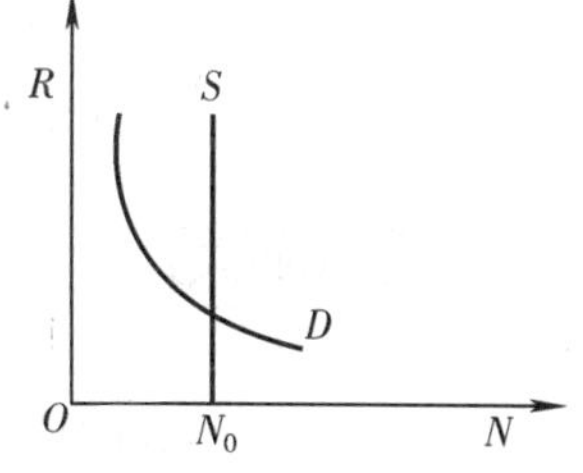

图 6—3—1　地租的决定

土地的供给与劳动和资本等生产要素有很大的不同。由于土地总量一般来说是大致固定的，因此土地的供给量无论是短期还是长期，总是完全无弹性的，不受地租的影响，在图形上表现为一条垂线，如图 6—3—1 中的曲线 S 所示。

地租由土地的需求和供给共同决定。如图 6—3—1 所示，当土地的需求曲线 D 与供给曲线 S 相交时，均衡的地租水平便形成了。当产生新的需求时，新的均衡地租重新建立。

三、级差地租的形成原因

以上关于地租决定的理论假定所有土地都是同质的。但实际上土地的肥沃程度和地理位置是有差别的，这种差别也会造成地租的差别。由于土地肥沃程度或地理位置的差别而形成的不同级别的地租称为级差地租。表 6—3—2 反映了一个级差地租形成的例子。

表 6—3—2　　级差地租的形成

土地	产量（个）	价格（元）	总产值（元）	生产成本（元）	级差地租（元）
A	200	2	400	200	200
B	180	2	360	200	160
C	150	2	300	200	100
D	100	2	200	200	0
E	80	2	160	200	-40

表 6—3—2 中，A、B、C、D、E 是五块条件不同的土地，每块地的产量不同，但产品的价格是相同的，这样，每块地的总产值也就不同。生产成本中包括各种费用及正常地租（土地所有权产生的绝对地租）。A、B、C 三块土地由于条件好、产量高，因而有级差地租，而 D 块土地没有级差地租，即 D 块土地的级差地租为零。经济学上把级差地租为零的土地称为边际土地，边际土地是可以种植的。E 块土地条件更差，产生亏损。可见，土地条件的不同决定了级差地租的有无与多少。

如果农产品的价格上升，土地的总产值就会增加，从而可以使原先没有级差地租的土地产生级差地租，原先亏损的土地不再亏损。例如，表 6—3—2 中如果产品价格上升到 2.5 元，D 块土地的总产值就将增加至 250 元，就会产生 50 元的级差地租；而 E 块土地的总产值也会上升到 200 元，不再亏损。

也就是说，当产品价格上升时，E 块土地将成为边际土地。这说明，随着经济发展，对农产品和土地需求的增加，使得可以出租的土地数量增加，从而促进了对土地的开发利用。

任务实施

在社会主义初级阶段，土地虽然属于全民所有或集体所有，但仍需要交给企业或个人去使用，土地的所有权与使用权是分离的，而土地的自然生产力的差异仍然存在。因此，在社会主义初级阶段，地租的存在具有客观必然性。

在社会主义市场经济条件下，不仅消费品和生产资料是商品，而且生产要素也都要以商品的形式进入市场，在经济范畴内进行交易活动。土地作为最基本的生产要素也应该进入市场，因此地租的形成具备客观经济条件。虽然社会主义实现了土地公有制，但还须将土地分别交付给不同的企业、单位和个人使用，土地所有权和使用权因此分离。土地所有者要求在经济上实现土地所有权，即将这部分超额利润交给土地所有者支配，从而转化为地租。

地租体现了平等竞争原则，利用地租可以调节土地所有者与使用者、使用者与使用者之间的经济利益关系，调节土地经济关系中各方面的矛盾。土地使用者利用土地自然条件带来的收益，由国家通过收入分配集中起来，然后再用于全社会，为全社会谋福利，这是社会主义地租的实质所在。

土地自然属性的差别是级差地租产生的物质基础。由于土地肥沃程度、地理位置等方面的不同，等量劳动投入到面积相等的土地上会有不等量的收获；土地生产的等量物品位置转移时，会消耗不等量的劳动。社会主义土地公有制的建立，虽然为土地的改良和交通的改善提供了条件，使土地的绝对肥沃程度有可能提高，使农产品进入市场所支付的运输费用有可能降低，但土地的等级差别、各块土地的相对肥沃程度和位置的差别并不会因此消失。所以，任务引入中的案例说明，在社会主义条件下同样存在级差地租形成的基础。

思考题

1. 地租是怎样决定的？
2. 级差地租的形成原因是什么？
3. 社会主义地租的实质是什么？

知识链接

一、准地租

准地租又称准租金或准租，是英国经济学家马歇尔提出的一个重要概念。准地租是指固定资产在短期内所得到的收入，因其性质类似地租，因而被称为准地租。在短期内，固定资产是不变的，与土地的供给相似，不论这种固定资产是否取得收入，都不影响其供给。只要产品的销售价格能够补偿平均可变成本，就可以利用这些固定资产进行生产。在这种情况下，产品价格超过了其平均可变成本的余额，代表固定资产的收入，如图 6—3—2 所示。

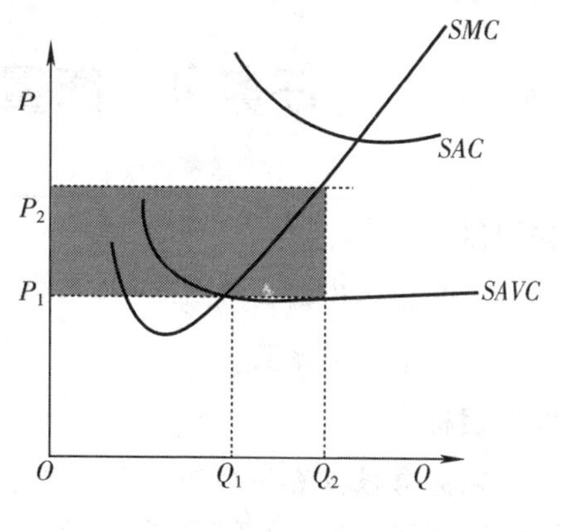

图 6—3—2　准地租

图中，横轴代表产量，纵轴代表价格，*SAVC* 为平均可变成本。如果价格为 P_1，产量为 Q_1，则收益只能弥补平均可变成本，这时不存在准地租。如果价格上升为 P_2，产量上升为 Q_2，收益除了弥补平均可变成本外还有剩余，剩余部分（即图中的阴影部分）就是准地租。准地租的性质与管理会计学中的边际贡献（毛利）相似，其公式为：

$$准地租(边际贡献)=(P-SAVC)\cdot Q$$

这里要注意的是，准地租只在短期内存在。在长期内，固定资产也是可变的，固定资产的收入就是折旧费及利息收入。这样，也就不存在准地租了。

二、经济租

如果生产要素的所有者得到的实际收入高于他们所希望得到的收入，则超过的部分就称为经济租。这种经济租类似于生产者剩余，所以也被称为生产者剩余。例如，劳动市场上有 A、B 两类工人各 100 人。A 类工人素质高，所要求的工资为 200 元；B 类工人素质低，所要求的工资为 150 元。如果某种工作 A、B 两类工人都可以胜任，那么，厂商在雇用工人时，当然先雇用 B 类工人。但在 B 类工人不够时，也不得不雇用 A 类工人。假设某厂商需要 200 人，他就必须雇用 A、B 两类工人。在这种情况下，厂商必须按 A 类工人的需求向所有工人支付 200 元的工资。这样，B 类工人所得到的收入就超过了他们的要求。B 类工人所得到的高于 150 元的 50 元收入就是经济租。其他生产要素的所有者也可以得到这种经济租，如图 6—3—3 所示。

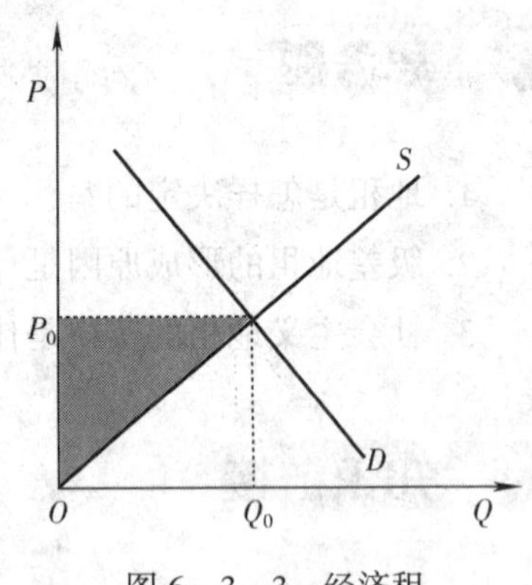

图 6—3—3　经济租

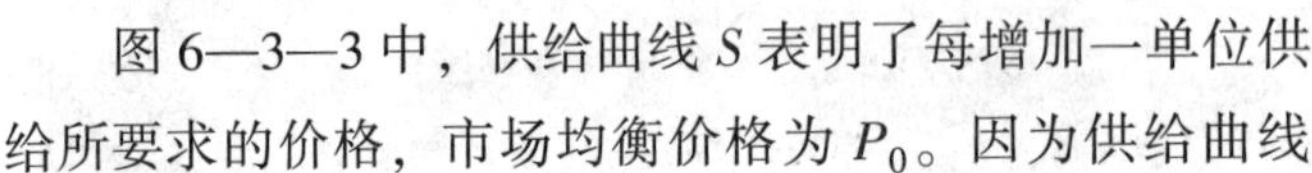

图 6—3—3 中，供给曲线 S 表明了每增加一单位供给所要求的价格，市场均衡价格为 P_0。因为供给曲线也就是企业的边际成本，因此，在低于均衡价格时，在供给曲线以上的各单位生产要素都得到了经济租，经济租总额就是图中的阴影部分。准地租与经济租不同，准地租仅在短期内存在，而经济租在短期和长期内均存在。

任务 4　衡量收入分配的平均程度

知识目标

- 掌握洛伦斯曲线
- 掌握基尼系数

能力目标

- 能够根据洛伦斯曲线和基尼系数判定收入分配的平均程度

任务引入

如果把某国人口分为五个等级，每个等级人口各占总人口的20%，按照他们各自在国民收入中所占份额的大小制作表6—4—1。

表6—4—1 某国国民收入分配表

等级	1	2	3	4	5
占总人口的百分比（%）	20	20	20	20	20
占收入的百分比（%）	20	20	20	20	20

问题：

1. 该国的收入分配是否平均?
2. 如何衡量该国的收入分配平均程度?

任务分析

在社会收入的分配过程中，还存在着对分配结果的衡量评价问题。例如，分配的结果是否平均，按照什么标准、运用什么方法去衡量和判定分配结果是否平均。本案例的实质是引导读者认识这些问题。

相关知识

一、洛伦斯曲线

洛伦斯曲线是根据实际统计资料而做出的反映人口比例与收入比例对应关系的曲线。

如图6—4—1所示，横轴表示人口比例，纵轴表示收入比例。假定在实际统计中，将人口按收入高低分为四组，最贫困的25%人口的收入占总收入的比例为a_1，在图形上得到E点。以此类推，50%的低收入人口的收入占总收入的比例为a_1+a_2，由此得到F点；75%的人口的收入占总收入的比例为$a_1+a_2+a_3$，得到G点。O点表示0%的人口得到0%的收入，M点表示100%的人口得到100%的收入。把这些点连接起来，就得到了一条曲线，即洛伦斯曲线。

洛伦斯曲线的弯曲程度越大，表示收入分配越不平均。例如，对角线OM是一条直线，弯曲程度最小，表示x%的人口得到x%的收入，即收入分配是完全平均的。又如，折

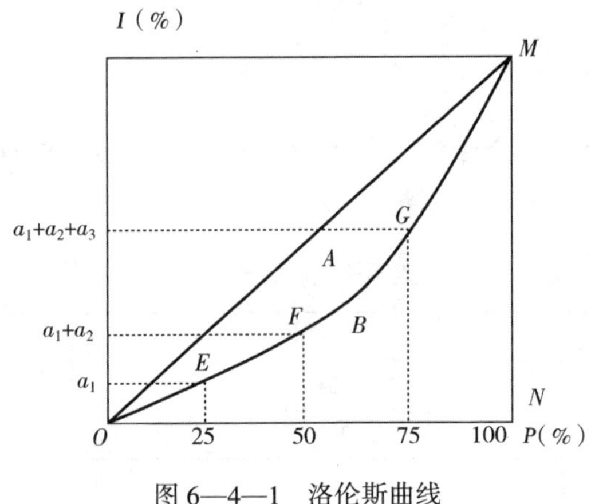

图 6—4—1　洛伦斯曲线

线 ONM 是洛伦斯曲线弯曲程度最大的情况，表示 99.99%的人口得到了 0%的收入，0.01%的人口得到 100%的收入，即收入分配是绝对不平均的。

洛伦斯曲线比较直观地显示出收入分配的平均程度，但是人们有时需要用数字将收入分配的平均程度进行量化，其中，基尼系数就是一种常用的衡量指标。

二、基尼系数

基尼系数是当所有人的收入由低到高排列时，由洛伦斯曲线和对角线围成的面积与对角线和 90°折线围成的面积的比值。如图 6—4—2 所示，区域 A 表示前者，区域 $A+B$ 表示后者，基尼系数即 A 与 $A+B$ 的比值，即基尼系数等于$\frac{A}{A+B}$。由于 $A+B$ 等于 1/2，所以基尼系数也相当于 $2A$。

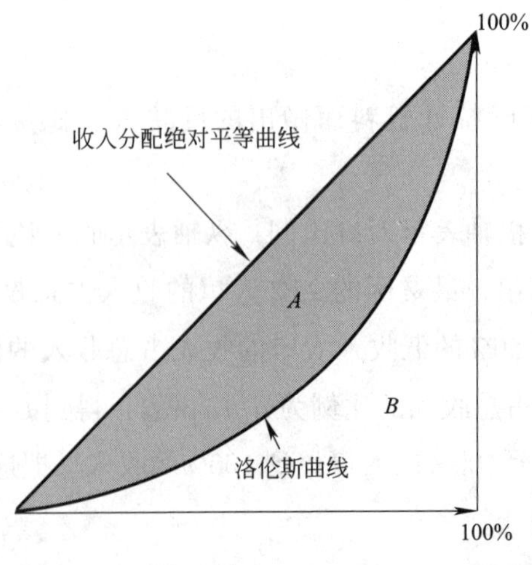

图 6—4—2　基尼系数

当 $A=0$ 时，基尼系数等于 0，这时收入绝对平均。

当 $B=0$ 时，基尼系数等于 1，这时收入分配绝对不平均。

实际基尼系数总是大于 0 而小于 1。基尼系数越小，收入分配越平均；基尼系数越大，收入分配就越不平均。按国际通用标准，基尼系数小于 0.2 表示收入分配绝对平均，基尼系数为 0.2~0.3 表示比较平均，基尼系数为 0.3~0.4 表示基本合理，基尼系数为 0.4~0.5 表示差距较大，0.5 以上表示差距悬殊。基尼系数通常以 0.4 为收入分配差距的“警戒线”，根据黄金分割率，其精确值为 0.382。

影响基尼系数的因素主要有人均国民收入、人口产业结构、社会制度与经济体制、教育普及状况和其他社会经济政策因素等。例如，随着劳动力逐渐从农业转移到非农产业，基尼系数会经历先扩大后缩小的过程；教育普及程度较高的国家，收入分配会相对平均，基层系数会比较低；有的国家通过累进所得税调节高收入阶层的收入，并通过各种社会福利措施提高低收入阶层的生活水平，降低了基尼系数。

三、洛伦斯曲线与基尼系数的运用

运用洛伦斯曲线和基尼系数，可以对社会收入分配和财产分配的实际情况以及发展变化进行分析比较，也可对政策的收入分配或财产分配效应进行分析，如图 6—4—3 所示。

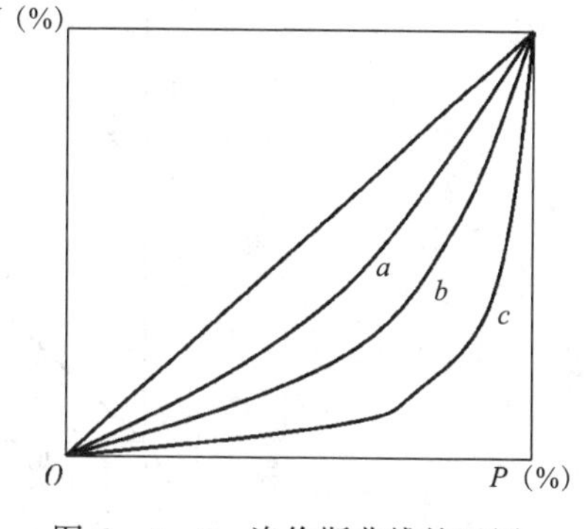

图 6—4—3　洛伦斯曲线的运用

如果图中 a、b、c 三条曲线分别反映的是三个国家的收入分配状况，那么 a 国收入分配均等化程度最高，而 c 国则是不均等化程度最高，b 国则介于两者之间。

如果这三条曲线反映的是一项政策实施前后收入分配状况的变化，则可以看出，该政策的实施是缩小还是拉大了收入分配的差距。

根据洛伦斯曲线计算基尼系数，也可以进行上述的分析比较。

四、平等与效率

经济学家认为，收入分配有三种标准。第一种是贡献标准，即按社会成员的贡献分配国民收入。这也就是分配理论中介绍过的，按生产要素的价格进行分配。这种分配标准能保证经济效率，但由于各成员能力、机遇的差别，又会引起收入分配的不平等。第二种是需要标准，即按社会成员对生活必需品的需要分配国民收入。第三种是平等标准，即按公平的准则来分配国民收入。后两个标准有利于实现收入分配的平等化，但不利于经济效率的提高。有利于经济效率则会不利于平等，有利于平等则会有损于经济效率，这就是经济学中所说的平等和效率的矛盾。

收入分配要有利于经济效率的提高，则要按贡献来分配，这样，有利于鼓励每个社会成员充分发挥自己的能力，在竞争中取胜。

平等和效率哪一个优先是经济学家们一直争论不休的问题。在市场经济中，分配原则是以效率优先，市场经济本身没有自发实现平等的机制。因此，收入不平等问题要通过政策来解决。

任务实施

可以通过洛伦斯曲线和基尼系数来衡量该国收入分配的平均程度。

1. 用洛伦斯曲线衡量该国收入分配的平均程度

根据表 6—4—1 可以做出如图 6—4—4 所示的洛伦斯曲线。在图 6—4—4 中，横轴代表人口比例，纵轴代表收入比例，*OY* 为 45°线。该国的洛伦斯曲线与 *OY* 线重合，在这条线上，每 20%的人得到 20%的收入，表明该国收入分配绝对平均。

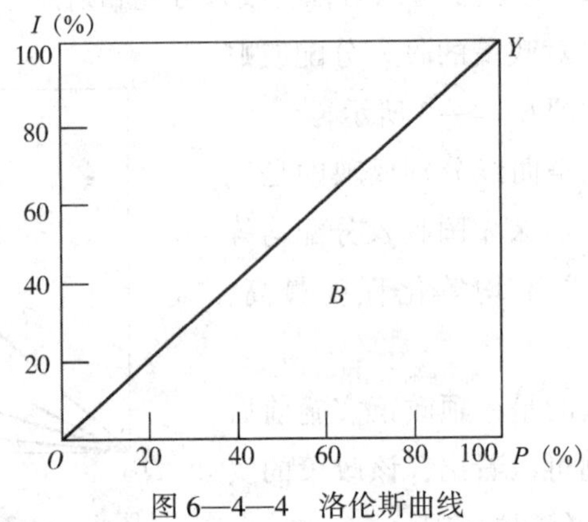

图 6—4—4　洛伦斯曲线

2. 用基尼系数衡量该国收入分配的平均程度

基尼系数等于$\frac{A}{A+B}$，根据图 6—4—4 可知，$A=0$，$B=1/2$，因此，基尼系数等于 0，这时收入绝对平均。

因此，该国的收入分配绝对平均。

思考题

1. 洛伦斯曲线和基尼系数的关系是什么？
2. 影响基尼系数的因素有哪些？

模块七　国民收入决定理论

任务1　国民收入的核算

知识目标

➢ 掌握国民收入的概念

➢ 掌握国民收入的核算方法

能力目标

➢ 学会核算国内生产总值

任务引入

某国某一年的国民经济数据见表 7—1—1。

表 7—1—1　　**某国某一年的国民经济数据**　　亿美元

个人租金收入	318	折旧	2 873	政府对企业的补贴	46
个人消费支出	16 728	间接税	2 123	政府购买	5 347
统计误差	-6	总投资	3 953	出口	3 398
雇员报酬	15 963	公司利润	1 827	进口	3 165
企业转移支付	105	利息	1 798	财产所有者收入	1 306

问题：

请分别用支出法和收入法计算该国国民生产总值。

任务分析

微观经济学的内容并不足以使我们对经济的运行有充分的理解。社会经济整体的起伏不定影响着每个人的生活，例如，经济的变化影响着每年毕业大学生的求职，每个家庭的就业及收入状况也受到总体经济发展态势的影响。各种资讯中充满了 GNP、GDP 等数据。这些都需要我们了解影响社会整体经济的变量及这些变量之间的关系。对这些变量的分析就构成了宏观经济学的基本内容。

本案例的实质是引导读者认识什么是国民收入，并掌握国民收入的计算方法。社会主义制度下的国民收入所体现的积累与消费的关系，反映的是劳动人民长远利益与当前利益之间的经济关系。国民收入作为一个国家一定时期内新创造的价值的总和，能够比较准确地反映这个国家新增加的物质财富，因而也是反映宏观经济效益的综合指标。在研究宏观经济运行时，首先要了解国民收入的核算方法，其中最重要的是支出法和收入法。

相关知识

一、国民收入的概念

1. 国民生产总值

国民生产总值（GNP）是指一个国家或地区的所有公民在一定时期（通常为 1 年）内新生产的最终产品和服务价值的总和。国民生产总值是按国民原则核算的，只要是本国或本地区公民，无论是否在本国境内（或地区内）居住，其生产和经营活动新创造的增加值都应该计算在内。例如，中国的公民通过劳务输出在境外所获得的收入就应该计算在中国的国民生产总值中。

最终产品是供人们最终消费或长期使用的物品，包括人们购买的汽车、服装和各种服务，以及企业购买的机器设备等。

最终产品是与中间产品相对应的概念，中间产品是指那些经过转售并需要进一步加工的物品，如煤、铁、棉花等。

在国民生产总值中需要扣除中间产品，这是为了避免重复计算。例如，煤可用于炼焦炭，焦炭用于炼铁，生铁用于炼钢，钢用于造机器。在机器这种最终产品的价值中，已包括了煤的成本。如果将煤、焦炭、生铁、钢等中间产品的价值与机器的价值一起加总，各种产品中所包含的煤的价值就会被重复计算多次。

最终产品是按市场价格来计算的。例如，10 分钱的青豆制成罐头，零售价 40 分，那么，在计算国民生产总值时，不计算作为中间产品的青豆，只计算 40 分钱的青豆罐头。

国民生产总值有助于人们了解一个国家或地区的综合经济实力和经济增长状况，但是要比较人们的生活水平，需要使用人均国民生产总值的概念，它是一国或地区当年国民生产总值与当年人口数量的比值。当年人口数量为当年7月1日零时的人口数，或当年年初人口数和年末人口数的平均数。

2. 国内生产总值

国内生产总值（GDP）指一个国家或地区在一定时期（通常指1年）内生产出来并在市场上销售出去的最终产品的市场价值。

国民生产总值与国内生产总值的关系是：

国民生产总值=国内生产总值-付给国外的要素收入+来自国外的要素收入

理解国内生产总值和国民生产总值的概念时应注意下列问题：

（1）国内生产总值和国民生产总值的计算方法不同

国民生产总值在反映一个国家或地区的公民从事生产性活动所取得的收入时，应加上本国公民从国外取得的工资、利息和利润等收入，但要减去外国公民从本国取得的工资、利息和利润等收入。而国内生产总值则不考虑从国外得到的或向国外支付的生产性收入，它反映一个国家在国内实际生产的物品和劳务的总值。大多数欧美国家主要采用国内生产总值指标衡量本国经济状况，美国从1991年开始也主要采用国内生产总值指标。

（2）国内生产总值和国民生产总值都是流量而不是存量

它们通常是以年为单位度量的。流量是某一段时间内发生的变量，如月收入和年储蓄增加额。存量是在某一时点发生的变量，如某人目前的财产总额和储蓄余额等。

（3）国内生产总值和国民生产总值有名义和实际之分

名义国内生产总值和名义国民生产总值是以现行价格计算的，等于各种物品和劳务的数量与其现行价格乘积的总和。它既反映实物的变化，又反映价格的变化。实际国内生产总值和实际国民生产总值是以不变价格计算的，它只反映实物的变化。实际国内生产总值（或国民生产总值）和名义国内生产总值（或国民生产总值）的关系是：

$$\text{实际国内生产总值或国民生产总值}=\frac{\text{名义国内生产总值或国民生产总值}}{\text{价格指数}}\times 100\%$$

生活中常见的GDP数据就是名义GDP，但是这个数据并没有太大的实际价值，因为它不代表实际购买力。

以日本为例，2008年日本的人均GDP是3.79万美元，但这是名义GDP，若按照实际GDP来算，这个数字可能要缩水不少。例如，日本一碗普通的面条平均价格为60元人民币，约9美元。也就是说，日本的人均GDP可以买大约5 000碗面条。中国同期的人均GDP是3 133美元，远低于日本，但如果按国内一碗面条平均5元人民币的价格换算，中国的人均GDP可以购买大约3 000碗面条。也就是说，中日两国人均GDP差距很大，但实际购买力的差距并不悬殊。

3. 国民生产净值

国民生产净值（NNP）指一国或地区所有国民在一定时期（通常为 1 年）内新生产的最终产品和服务价值的净值，它等于国民生产总值减去折旧费用后的剩余部分，用公式表示为：

GNP－折旧＝NNP

折旧是补偿生产中固定资产（厂房、机器设备等）消耗的投资。在计算国民生产总值时，折旧费用是包括在最终产品的市场价值之内的。但是，由于固定资产不是当年生产出来的，且通常能够使用许多年，使用国民生产总值指标就不能准确反映当年新创造的价值，因此，人们在理论上提出国民生产净值的概念。国民生产总值与国民生产净值在数据上相差不是很大，由于前者更便于统计，因此在实际生活中比后者使用更加普遍。

4. 国民收入

国民收入（NI）是指一个国家或地区在一定时期（通常为 1 年）内用于生产的各种生产要素所得到的全部收入，即工资、净利息、租金和利润之和，用公式表示为：

NNP－间接税＝NI

工资在这里指税前工资，包括社会保险税和个人所得税，以及货币工资之外的各种实物补贴。

净利息是用于生产目的的资本报酬，等于总利息扣除政府公债利息与消费信贷利息之后所剩的余额。

租金包括地租、房租、专利使用费和版权收入等。

利润指公司税前利润，包括股息、红利和未分配利润。

反映国民收入的两个主要指标是 GDP 和 GNP。

5. 个人收入

个人收入（PI）是指一个国家或地区的全体个人在一定时期（通常为 1 年）内所获得的全部收入，用公式表示为：

NI－公司未分配利润－企业所得税＋政府给居民的转移支付＋政府向居民支付的利息＝PI

6. 个人可支配收入

个人可支配收入（DI）是个人收入在缴纳各种税收后留归个人的余额。个人可支配收入可以分解为消费和储蓄两个部分，用公式表示为：

PI－个人所得税＝DI＝消费＋储蓄

【例 7—1—1】 国民收入各项数据的计算

假设某国在 1 年中的部分经济数据见表 7—1—2。

表 7—1—2 某国在 1 年中的部分经济数据 亿美元

净投资	125	政府购买	200
净出口	15	社会保险金	130
储蓄	25	个人消费支出	500
资本折旧	50	公司未分配利润	100
政府转移支付	120	公司所得税	50
企业间接税	75	个人所得税	80

该国的 GNP、NNP、NI、PI、DI 分别是：GNP＝消费＋总投资（净投资＋资本折旧）＋政府购买＋净出口＝500＋(125＋50)＋200＋15＝890（亿美元）

NNP＝GNP－资本折旧＝890－50＝840（亿美元）

NI＝NNP－企业间接税＝840－75＝765（亿美元）

PI＝NI－公司未分配利润－公司所得税－社会保险金＋政府转移支付

＝765－100－50－130＋120＝605（亿美元）

DI＝PI－个人所得税＝605－80＝525（亿美元）

二、国民收入的核算方法

1. 用支出法计算国内生产总值

支出法是指从购买最终产品和劳务的角度出发，把一定时期内所有社会成员用于最终产品和劳务的支出加总计算的方法。这种方法是把国内生产总值看作购买当年全部总产出的支出之和。

在用支出法计算国内生产总值时，各个国家的具体统计项目存在差异。以我国为例，统计项目主要包括总消费、总投资和净出口。

其中，总消费指在一定时期内最终产品和劳务消费支出的合计，包括居民消费和政府消费。居民消费指常住居民在一定时期内购买最终产品和劳务消费的支出，政府消费指政府和团体在一定时期内购买最终产品和劳务消费的支出。总投资指在一定时期内社会和私人各项投资的总和，包括社会和私人的固定资产投资和库存增加。固定资产投资是社会和私人生产单位在一定时期内通过购买和自制所形成的固定资产价值，库存增加是指流动资产中的实物增加额。净出口是指出口减进口。出口是指本国厂商向国外销售的产品和劳务，进口是指外国厂商向本国销售的产品和劳务。

用支出法计算国内生产总值的公式为：

国内生产总值＝总消费支出＋总投资支出＋净出口支出＝总支出

其中，总支出是指一定时期内某个国家购买商品和劳务的支出总和。

2. 用收入法计算国内生产总值

收入法是指从收入的角度出发，把某国一定时期内所有生产要素提供者的收入加总计算的方法。这种方法是把国内生产总值看作生产过程中创造的收入的总和。经济学家认为，在扣除生产资料的中间投入之后，生产费用主要是用来支付各种生产要素的收入，因而表现为劳动者的工资、企业家的利润、股东的利息和出租厂房的租金收入等，还包括政府的税收收入和暂时留在企业的折旧收入。因此，只要把一定时期内社会生产要素的各项收入加总起来，就可以得到当期所生产的全部最终产品和服务的市场价值，即当年的国内生产总值。

在用收入法计算国内生产总值时，各个国家的具体统计项目存在差异。以我国为例，统计项目主要包括固定资产折旧、劳动者报酬、生产税净额和营业盈余。

其中，固定资产折旧指在一定时期内为在生产中已耗费的固定资产提取的补偿价值，它是生产经营活动中的转移价值。劳动者报酬指在一定时期内以各种形式支付给劳动者的报酬。生产税净额指在一定时期内生产单位向政府缴纳的各项生产税与政府向生产单位支付的补贴相抵之后的差额。营业盈余指一定时期内生产要素在生产过程中创造的增值价值，是企业经营效益的体现。

用收入法计算国内生产总值的公式为：

国内生产总值=固定资产折旧+劳动者报酬+生产税净额+营业盈余=总收入

其中，总收入是指一定时期内某个国家各种生产要素相应取得的收入总和。

从各项收入的用途看，固定资产折旧、劳动者报酬、生产税净额、营业盈余可以分解为用于消费的收入和用于储蓄的收入，即：

国内生产总值=用于消费的收入+用于储蓄的收入=消费+储蓄

3. 用生产法计算国内生产总值

生产法是从生产的角度衡量常住单位在核算期内新创造价值的一种方法，即从国民经济各个部门在核算期内生产的总产品价值中，扣除生产过程中投入的中间产品价值而得到的增加值。这里的部门是指产业部门，即国民经济基层单位按同质性分类形成的国民经济产业部门。国民经济产业部门可以按三次产业分类：第一产业主要是农业，按照自然物品再进行细分；第二产业主要是工业和建筑业，按照加工物品再进行细分；第三产业主要是服务业，按照自然人和法人再进行细分。

用生产法计算国内生产总值，涉及以下三个概念：

一是总产出，指商品和劳务的全部产出价值，包括总增加值和中间投入。价值构成是$C+V+M$，其中C代表不变资本（包括各种材料、水电费、固定资产折旧费），V代表可变资本（包括工资、福利、奖金），M代表剩余价值（包括利润、税金）。

二是中间投入，指全部商品和劳务的投入。

三是增加值，指全部商品和劳务的最终价值。

用生产法计算国内生产总值的公式为：

国内生产总值=总产出-中间投入=增加值

其中，总产值是指一定时期内某个国家或地区生产的最终产品价值的总和。

【例 7—1—2】 GDP 的总体核算

表 7—1—3 是分别按三种方法计算的我国 2000 年国内生产总值。

表 7—1—3　　2000 年我国国内生产总值总表　　亿元

类别	金额	类别	金额
一、按生产法计算的国内生产总值	89 468	一、按支出法计算的国内生产总值	89 341
（一）总产出	260 713	（一）最终消费	54 601
（二）中间投入（-）	171 245	居民消费	42 896
二、按收入法计算的国内生产总值	89 468	农村居民消费	19 197
（一）劳动者报酬	48 366	城镇居民消费	23 699
（二）生产税净额	12 991	政府消费	11 705
生产税		（二）资本形成总额	32 500
生产补贴（-）		固定资本形成总额	32 624
（三）固定资本消耗	14 154	存货增加	-124
（四）营业盈余	13 957	（三）净出口	2 240
		出口	23 143
		进口（-）	20 903
		二、统计误差	127

资料来源：《中国统计年鉴 2004》。

按上述三种方法计算的国内生产总值反映的是同一经济体在同一时期内的生产活动成果，因此，从理论上讲，三种计算方法所得到的结果应该是一致的。但在实践中，由于受资料来源的影响，要保证结果完全相等几乎是不可能的。按三种方法计算的国内生产总值之间具有如下关系：

国内生产总值=按生产法计算的国内生产总值
=按收入法计算的国内生产总值
=按支出法计算的国内生产总值+统计误差

【例 7—1—3】 从国内生产总值推算国民生产总值

2003 年我国国内生产总值为 117 251.9 亿元人民币，同期国际收支中有关收益分配的数据如下：对外支付劳动报酬 11.2 亿美元，支付投资收益 228.1 亿美元；自国外获得劳动报酬 12.8 亿美元，获得投资收益 148.1 亿美元。

在本例中，付给国外的要素收入=11.2+228.1=239.3（亿美元）

来自国外的要素收入=12.8+148.1=160.9（亿美元）

将对外支付与获得的美元进行换算，取1美元=8.27元人民币（2003年人民币对美元平均汇价），则：

国民生产总值=国内生产总值-付给国外的要素收入+来自国外的要素收入

=117 251.9-239.3×8.27+160.9×8.27=116 603.5（亿元）

任务实施

下面分别用支出法和收入法计算任务引入案例中该国的国内生产总值。

1. 用支出法计算

GDP =总消费支出+总投资支出+净出口支出+统计误差

=16 728+3 953+5 347+(3 398-3 165)+6=26 267（亿美元）

2. 用收入法计算

GDP =固定资产折旧+劳动者报酬+生产税净额+营业盈余

=2 873+(318+15 963+1 798+1 306+105)+2 123+(1 827-46)= 26 267（亿美元）

思考题

1. 什么是GDP和GNP？二者有何关系？
2. 国民收入的核算方法有哪些？这些方法之间是什么关系？

知识链接

绿色GDP

绿色GDP是指一个国家或地区在考虑了自然资源（主要包括土地、森林、矿产、淡水和海洋等）与环境因素（包括生态环境、自然环境、人文环境等）影响之后的经济活动的最终成果，即将经济活动中所付出的资源耗减成本和环境成本从GDP中予以扣除。在现行的国民经济核算体系中对环境资源进行核算，从现行GDP中扣除环境资源成本和对环境资源的保护服务费用，其计算结果可称为绿色GDP。这个指标实质上代表了国民经济增长的净正效应。绿色GDP占GDP的比重越高，表明国民经济增长的正面效应越高、负面效应越低。

目前，绿色 GDP 的核算只涉及自然意义上的可持续发展，包括环境损害成本、自然资源的净消耗量，这只是狭义上的绿色 GDP，广义上的绿色 GDP 还应该把与社会意义上的可持续发展有关的指标纳入核算体系。因此，在绿色 GDP 的核算中，必须扣除安全生产事故和社会上各种突发事件造成的 GDP 损失，以及处理这些事故和事件的支出；扣除为了防范和处理市场公正、腐败而造成的损失。

绿色 GDP 的计算公式为：

绿色 GDP＝GDP 总量－(资源成本+环境成本)

其中，资源成本又称自然资源耗减成本，是指在经济活动中被利用和消耗的自然资源的价值。有些自然资源具有一次性消耗性质，如不可再生的矿产资源、部分可再生的森林资源（用材林）和北方及西部的水资源等，这些资源的使用具有中间消耗的性质。有些自然资源具有多次消耗性，如土地资源、部分可再生的森林资源（特用林、防护林或原始森林等）和南方的淡水资源，这些资源的多次使用类似于固定资产使用的性质，其资源耗减具有“固定资产折旧”的性质。

资源成本的计算相对比较简单。每年的资源消耗量可以从统计年鉴里查到，然后再乘以每年的资源价格，就可以计算出消耗资源的货币价值。但这一方法只适用于计算可耗竭资源，而且没有考虑贴现率。计算资源价值或使用成本首先要区分可耗竭资源和可更新资源。这两种资源的生命周期是不同的，可更新资源的特点决定了它具有最佳开采期，可耗竭资源在探明储量和市场需求之间也存在最佳开采路径，二者都要经历较长周期，所以必须引入贴现率指标，才能计算出合理的价值或成本。

环境成本又称环境降级成本，是指由于经济活动造成环境污染而使环境服务功能质量下降的代价。环境成本分为环境保护支出和环境退化成本，环境保护支出指为保护环境而实际支付的价值，环境退化成本指环境污染损失的价值和为保护环境应该支付的价值。自然环境主要提供生存空间和生态效能，具有长期、多次使用的特征，也类似于固定资产使用特征。因此，经济活动带来的污染造成的环境质量下降代价即环境降级成本，也就具有“固定资产折旧”的性质。

任务 2　国民收入水平的决定因素

知识目标

- 掌握总需求的构成
- 掌握在利率和投资变动的情况下，总需求如何影响国民收入

能力目标

- 能够分析总需求和总供给是如何决定国民收入水平的

任务引入

18世纪时，荷兰的曼德维尔在《蜜蜂的寓言》一书中讲过一个有趣的故事。一群蜜蜂为了追求奢华的生活，大肆挥霍，结果这个蜂群很快兴旺发达起来。某一天，因为换了新蜂王，这群蜜蜂改变了生活习惯，放弃了奢侈的消费，开始崇尚节俭，但整个蜂群却逐渐衰落，最后在外敌的入侵中不堪一击而被摧毁。

这个故事道出了著名的曼德维尔悖论：私人恶德即公共利益，也就是经济学上的“节俭悖论”。

问题：

节俭是一种美德，既然是美德，为什么还会产生节俭悖论呢？

任务分析

要弄清楚这个悖论，需要学习宏观经济学的核心理论——国民收入决定理论。在一个社会中，影响家庭消费的因素有很多，有收入水平、商品价格水平、利率水平、收入分配状况、消费偏好、家庭财产状况、消费信贷状况、消费者风险习惯等。西方著名经济学家凯恩斯认为其中最具决定意义的是家庭的收入水平，即现期绝对实际收入水平。

国民收入决定理论是凯恩斯学说的核心。凯恩斯的国民收入决定理论有三个基本假设：

1. 假设现有资源不变、技术水平不变，不涉及长期的增长问题。
2. 假设各种资源没有得到充分利用，因而总需求可以无限扩大。
3. 假设价格水平不变，不考虑价格水平的决定及其对国民收入的影响。

以下在分析均衡条件下的国民收入决定时，将遵循由浅入深的原则。即先分析一个社会只包括两个部门的情况，再延伸到多个部门；在分析一些经济变量时，先着重研究某一变量，假定其他变量为既定变量，再延伸到多个变量。

相关知识

一、简单的国民收入决定模型

简单的国民收入决定模型是指在价格水平既定、利率既定和投资水平既定的条件下，分析总需求决定国民收入水平的模型。

1. 总需求的构成

总需求是整个社会对产品与劳务需求的总和。简单地说，总需求是由投资需求和消费需求，也即投资支出和消费支出构成的。在封闭经济条件与开放经济条件下，总需求的构成有所不同。

（1）封闭经济条件下的总需求构成

封闭经济与开放经济相对，是指没有和外部发生经济联系的经济状态，在经济学意义上是指一国在经济活动中没有与国外的经济往来，如没有国际贸易或国际金融、劳动力的交流，仅仅存在国内的经济活动。本国经济与外国经济之间并未存在密切的往来，称为处于封闭经济状态。

假定在封闭经济条件下，政府的经济活动相对不重要，可以忽略，则总需求是由个人消费支出和私人投资支出构成的。计划经济体制下的总需求就是如此，即：

$$\begin{aligned}\text{总需求} &= \text{消费支出}+\text{投资支出}\\ &= \text{消费}+\text{投资}\\ &= C+I\end{aligned}$$

假定政府的经济活动相对重要，必须考虑，则总需求是由个人消费支出、私人投资支出、政府购买产品和劳务的支出构成的，即：

$$\begin{aligned}\text{总需求} &= \text{消费支出}+\text{投资支出}+\text{政府支出}\\ &= C+I+G\end{aligned}$$

（2）开放经济条件下的总需求构成

所谓开放经济是指一国不仅具有对外贸易活动，而且对外贸易活动占据重要地位，因而必须加以考虑的经济状态。假定在开放经济条件下，国际间的资本流动和人力流动相对不重要，可以忽略，则总需求是由个人消费支出、私人投资支出、政府购买产品和劳务的支出以及净出口（即出口减进口）构成的，即：

$$\begin{aligned}\text{总需求} &= \text{消费支出}+\text{投资支出}+\text{政府支出}+(\text{出口}-\text{进口})\\ &= C+I+G+(X-M)\end{aligned}$$

2. 总需求与均衡国民收入的决定

总需求与总供给相等时的国民收入是均衡的国民收入。当不考虑总供给这一因素时，均衡的国民收入水平就是由总需求决定的，可用图 7—2—1 来说明这一原理。

图中，横轴代表国民收入，纵轴代表总需求，45°线表示总需求等于总供给。AD_0 代表总需求水平，是一条与横轴平行的线，表示这里不考虑总需求变动的情况。45°线与 AD_0 相交于 E 点，决定了均衡的国民收入水平为 Y_0。在 Y_0 之左，总需求大于总供给；在 Y_0 之右，总需求小于总供给。只有在 Y_0 时，总需求等于总供给，处于均衡状

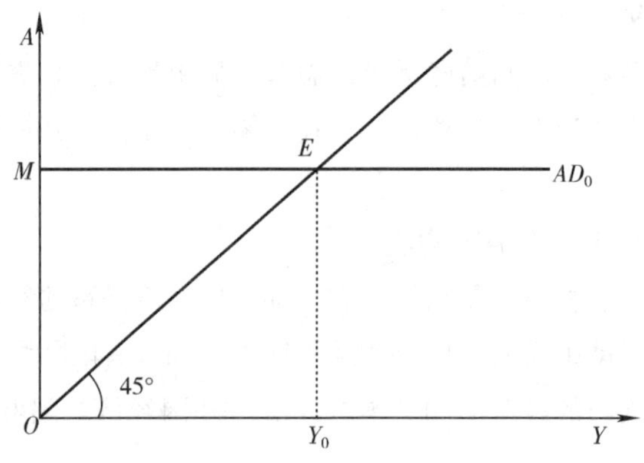

图 7—2—1　总需求与均衡国民收入的决定

态。这时的国民收入就是均衡的国民收入。

3. 消费与均衡国民收入的决定

在简单的国民收入决定理论中，假定总需求中的其他部分不变，仅仅考虑总需求中消费的变动对总需求的影响。这样就先要了解消费函数，以及相关的储蓄函数。

（1）消费函数

消费函数是指反映消费支出与决定消费的各种因素之间依存关系的函数关系式。影响消费的因素有很多，但收入是其中最主要的因素。所以，消费函数一般以收入为自变量，反映收入和消费之间的依存关系。一般来说，在其他条件不变的情况下，消费随收入的变动而成同向变动，即收入增加，消费增加；收入减少，消费减少。但消费与收入并不一定按同一比例变动。如果以 C 代表消费，Y 代表收入，则消费函数就是：

$$C=f(Y)$$

消费与收入之间的关系可以用平均消费倾向和边际消费倾向来说明。

平均消费倾向（APC）是指消费在收入中所占的比例，即：

$$APC=\frac{C}{Y}$$

边际消费倾向（MPC）是指消费增量在收入增量中所占的比例。如果以 DC 代表消费增量，DY 代表收入增量，则：

$$MPC=\frac{DC}{DY}$$

消费随着收入的增加而增加，但消费往往不如收入增加得多，这就是边际消费倾向递减规律。凯恩斯认为，边际消费倾向递减规律是引起社会总需求不足的三大基本心理规律之一。

（2）储蓄函数

储蓄函数是指反映储蓄与决定储蓄大小的各种因素之间依存关系的函数关系式。影响储蓄的因素有很多，但收入是其中最主要的因素。所以，储蓄函数主要反映收入与储蓄之间的依存关系。一般而言，在其他条件不变的情况下，储蓄随收入的变动而成同向变动，即收入增加，储蓄增加；收入减少，储蓄减少。如果以 S 代表储蓄，Y 代表收入，则储蓄函数就是：

$$S=f(Y)$$

储蓄与收入之间的关系可以用平均储蓄倾向和边际储蓄倾向来说明。

平均储蓄倾向（APS）是指储蓄在收入中所占的比例，即：

$$APS=\frac{S}{Y}$$

边际储蓄倾向（MPS）是指储蓄增量在收入增量中所占的比例。如果以 DS 代表储蓄增量，DY 代表收入增量，则：

$$MPS=\frac{DS}{DY}$$

由于收入分为消费与储蓄，所以：

$$APC+APS=1$$

同样，增加的收入分为增加的消费与增加的储蓄，所以：

$$MPC+MPS=1$$

（3）消费函数、总需求与均衡国民收入

全部消费实际上可以分为两部分，一部分是不取决于收入的自发消费，另一部分是随收入变动而变动的引致消费。自发消费是由人的基本需求决定的必需的消费，如维持生存的衣、食、住等。无论收入多少，这部分消费都是不可少的。在经济分析中，假设这部分消费不取决于收入，是一个固定的量。引致消费指收入变动所引起的消费，其大小取决于收入与边际消费倾向。如果以 C 代表全部消费，$\bar{c}$ 代表自发消费，c 代表边际消费倾向，则可以把消费函数写为：

$$C=\bar{c}+c\cdot Y$$

总需求包括消费与投资，假定投资不变，为 I，则可以把总需求写为：

$$\begin{aligned}AD&=C+I\\&=\bar{c}+c\cdot Y+I\end{aligned}$$

总需求中不变的自发消费与投资即为自发总需求，它不随收入的变动而变动，用 $\overline{A}$ 来代表，则可把上式写为：

$$AD = C + c \cdot Y + I$$
$$= \overline{A} + c \cdot Y$$

这样就可以把总需求决定均衡国民收入的图 7—2—1 画为图 7—2—2。

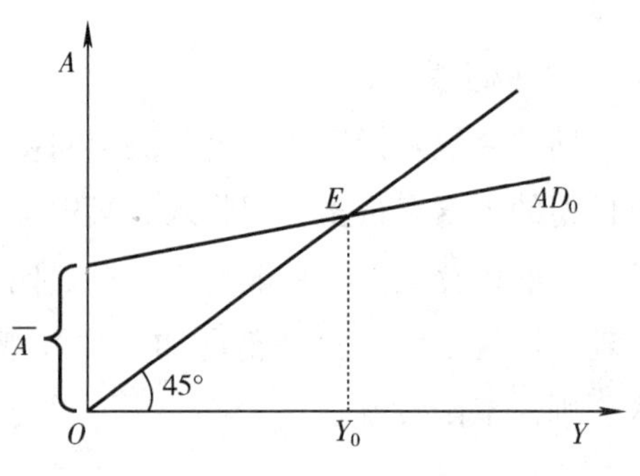

图 7—2—2　总需求与国民收入决定

在图 7—2—2 中，总需求曲线 AD_0 的截距为 $\overline{A}$，即自发总需求，斜率为边际消费倾向 c。AD_0 向右上方倾斜，说明总需求由于包括引致消费，所以随国民收入的增加而增加。AD_0 与 45°线相交于 E 点，仍决定了均衡的国民收入为 Y_0。

均衡国民收入决定的条件是总供给（国民收入）与总需求相等，即：

$$Y = AD = \overline{A} + c \cdot Y$$

$$Y - c \cdot Y = \overline{A}$$

因此，均衡国民收入 Y_0 的计算公式就是：

$$Y_0 = \frac{1}{1-c} \cdot \overline{A}$$

上式说明了均衡国民收入 Y_0 的决定因素。

4. 总需求与国民收入水平的变动

均衡的国民收入水平是由总需求决定的，总需求的变动会引起均衡的国民收入向同方向变动，即总需求增加，均衡的国民收入增加；总需求减少，均衡的国民收入减少，如图 7—2—3 所示。

在图 7—2—3 中，总需求曲线向上方移动，即从 AD_0 移动到 AD_1，表示总需求增加；总需求曲线向下方移动，即从 AD_0 移动到 AD_2，表示总需求减少。当总需求为 AD_0 时，与 45°线相交于 E_0 点，决定了国民收入为 Y_0。当总需求为 AD_1 时，与 45°线相交于 E_1 点，决定了国民收入为 Y_1。$Y_1 > Y_0$，说明当总需求水平从 AD_0 增加到 AD_1 时，均衡的国

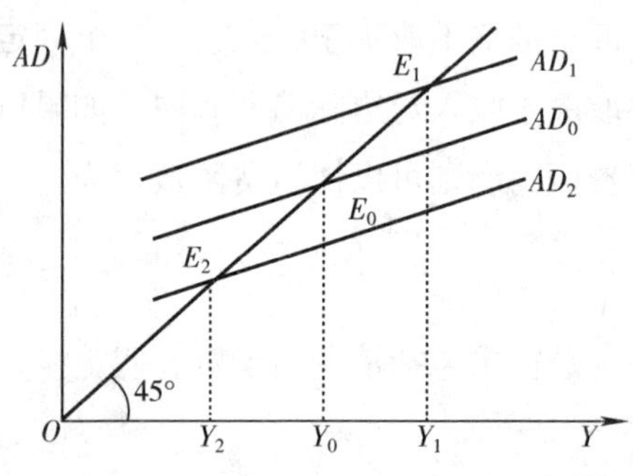

图 7—2—3　总需求与国民收入水平的变动

民收入水平由 Y_0 增加到 Y_1。当总需求为 AD_2 时，与45°线相交于 E_2 点，决定了国民收入为 Y_2。$Y_2<Y_0$，说明当总需求水平由 AD_0 减少到 AD_2 时，均衡的国民收入水平由 Y_0 减少到 Y_2。

在图7—2—3中，总需求变动表现为总需求曲线的平行移动，说明总需求变动是由自发总需求的变动引起的。设自发总需求的变动量为 $\Delta\bar{A}$，则这三条总需求曲线的公式为：

$$AD_0=\bar{A}+C\cdot Y$$

$$AD_1=\bar{A}+\Delta\bar{A}+C\cdot Y$$

$$AD_2=\bar{A}-\Delta\bar{A}+C\cdot Y$$

根据上述总需求与国民收入变动的关系，还可以进一步研究储蓄与国民收入变动的关系。在既定的收入中，消费与储蓄是成反方向变动的，即消费增加，储蓄减少；消费减少，储蓄增加。消费是总需求的一个重要组成部分，储蓄增加时消费减少，总需求减少，从而国民收入减少；反之，储蓄减少时消费增加，总需求增加，从而国民收入增加。因此，储蓄的变动会引起国民收入做反方向变动。

二、*IS-LM* 模型

简单的国民收入决定模型只考虑利率与投资不变的情况下，总需求对均衡国民收入的影响。实际上利率和投资都是变动的，而且，对总需求和国民收入影响较大。*IS-LM* 模型就是分析在利率与投资变动的情况下，总需求与国民收入变动的关系，以及利率与国民收入之间的关系。

IS-LM 模型是说明商品市场与货币市场同时达到均衡时，国民收入与利率决定的模型。其中，*I* 是指投资，*S* 是指储蓄，*L* 是指货币需求，*M* 是指货币供给。

1. *IS* 曲线：商品市场的均衡

商品市场是指由消费品与投资品构成的市场。*IS* 曲线就是描述在投资与储蓄相等时利率和国民收入之间关系的曲线。*IS* 曲线有以下三个重要的假设：

（1）投资量是利率的递减函数。也就是说，利率水平越高，投资量越少；利率水平越低，投资量就越多。

（2）国民经济的平衡要求实现投资等于储蓄。

（3）储蓄是国民收入的函数。一般来说，国民收入增加，储蓄增加，反之储蓄减少。

从上述三个假定出发，就可以理解在国民经济均衡条件下，实现投资与储蓄相等所要求的利率与国民收入的关系。也就是说，在国民经济均衡的条件下，要实现投资与储蓄相等，利率与国民收入必须成反方向变动。即利率越大，投资越少，国民收入也相应越少；反之，利率越小，投资越多，国民收入也相应越多。如图 7—2—4 所示，横轴代表国民收入，纵轴代表利率，*IS* 曲线是一条向右下方倾斜的曲线。

之所以利率与国民收入成反方向变动，是由于利率与投资成反方向变动。投资者在做出投资决策时，常常要考虑利率与利润率之间的关系。只有在利润率高于利率时，投资者才会决定投资，否则这笔资金还不如存入银行以获取利息。当利润率既定时，投资显然就只取决于利率了。利率越低，投资越多；反之，投资越少。可见，利率与投资是成反方向变动的。由于投资又是总需求中的一个重要内容，因而，投资增加，总需求增加；投资减少，总需求便减少。同时，总需求又是与国民收入成同方向变动的，因此，利率也就必定与国民收入成反方向变动。

总需求的变动会引起 *IS* 曲线的位置发生平行的移动，如图 7—2—5 所示。

在图 7—2—5 中，当总需求增加时，*IS* 曲线向右上方移动，即从 IS_0 移至 IS_1；当总需求减少时，*IS* 曲线向左下方移动，即从 IS_0 移至 IS_2。

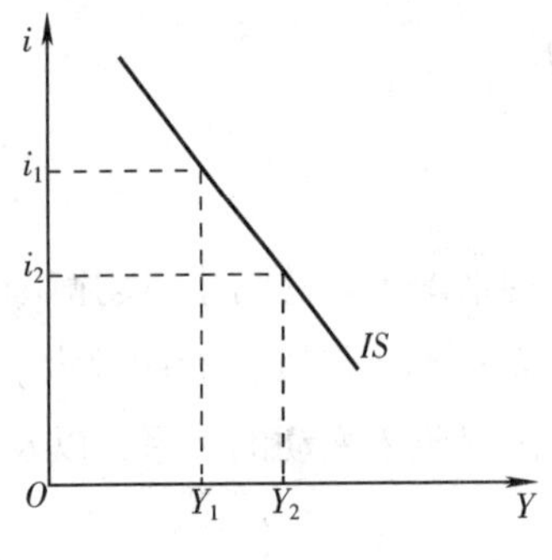

图 7—2—4　*IS* 曲线

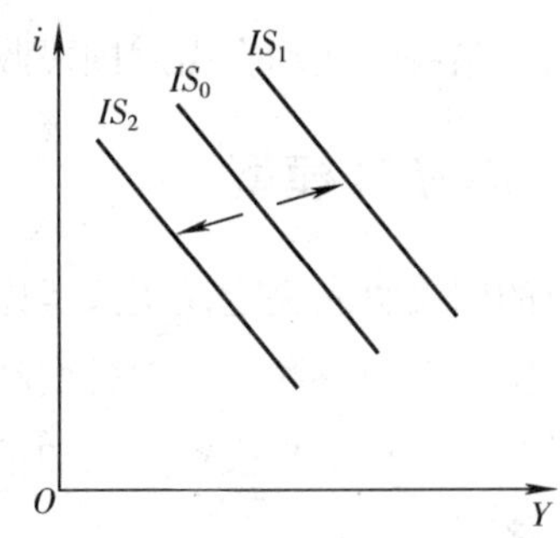

图 7—2—5　总需求的变动与 *IS* 曲线的移动

2. *LM* 曲线：货币市场的均衡

LM 曲线描述的是在 $L=M$ 即货币市场的需求与供给达到均衡时，国民收入水平与利率之间的关系，其中 *L* 代表货币需求，*M* 代表货币供给，如图 7—2—6 所示。图 7—2—6 中，横轴代表国民收入，纵轴代表利率，曲线 *LM* 代表不同利率水平下的货币需求。按凯恩斯货币理论的解释，货币市场上利率与国民收入成同方向变动，其原因在于：货币需求（*L*）由两部分构成，一是货币的交易需求与谨慎需求（L_1），二是货币的投机需求（L_2）。L_1 与国民收入有关，记为 $L_1=L_1(Y)$，其中 *Y* 代表国民收入；L_2 取决于利率并与利率成反方向变动，记为 $L_2=L_2(i)$，其中 *i* 代表利率。货币的供给（*M*）指的是实际的货币供给量，它由中央银行的名义货币供给量与价格水平决定。

LM 曲线建立在如下几个假设之上：

（1）利率和货币的投机需求成反方向变动。利率越高，人们持有的现金就越少；反之，则越多。

（2）货币交易需求为国民收入的函数，国民收入多则货币的交易需求多，反之则少。

（3）货币供给是指一个国家在某一特定时点上由家庭和厂商持有的政府和银行系统以外的货币总和，它在一定时期内为既定的常数；货币需求则由货币交易需求与货币投机需求之和决定。货币需求要适应既定的货币供给，就只能是货币交易需求增加，货币的投机需求减少；或者货币的交易需求减少，货币的投机需求增加。

货币市场均衡的条件是 $M=L=L_1(Y)+L_2(i)$。从公式可以看出，当货币供给既定时，L_1 若增加，则 L_2 必然减少，而 L_1 的增加又是国民收入增加的结果，L_2 的减少又是利率上升的结果。因此，在货币市场达到均衡状态时，国民收入与利率之间必然成同方向变动。

当货币供给量增加时，*LM* 曲线向右下方移动，即从 LM_0 移至 LM_1；当货币供给量减少时，*LM* 曲线向左上方移动，即从 LM_0 移至 LM_2。可见，货币供给量的变动会使 *LM* 曲线的位置平行移动，如图 7—2—7 所示。图 7—2—7 中，横轴代表国民收入，纵轴代表利率。

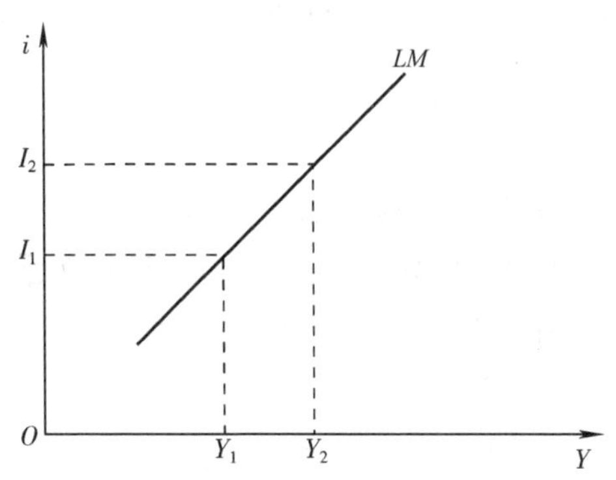

图 7—2—6　*LM* 曲线

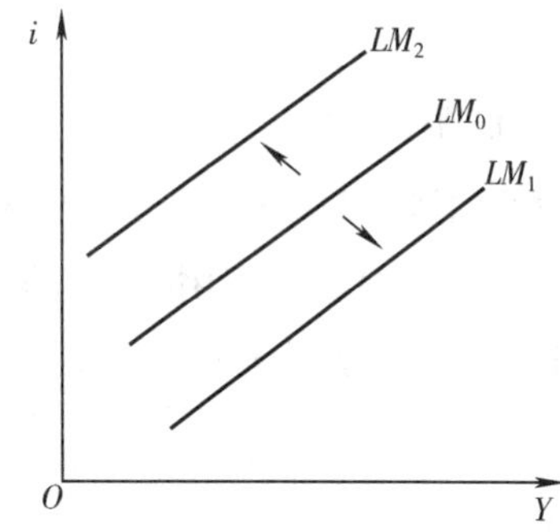

图 7—2—7　货币供给量的变动与 *LM* 曲线的移动

3. *IS*−*LM* 模型：两个市场同时均衡的国民收入决定

把 *IS* 曲线与 *LM* 曲线放在同一个图上，就可以得出当两个市场同时均衡时，国民收入与利率同时决定的 *IS*-*LM* 模型，如图 7—2—8 所示。

在图 7—2—8 中，*IS* 曲线上任意一点都表示商品市场的均衡，即 $I=S$。*LM* 曲线上任意一点都表示货币市场的均衡，即 $L=M$。*IS* 曲线与 *LM* 曲线相交于 *E* 点，即 *E* 点上是两种市场的同时均衡。这时决定了均衡的利率水平为 i_0，均衡的国民收入水平为 Y_0，此时两种市场达到同时的均衡。

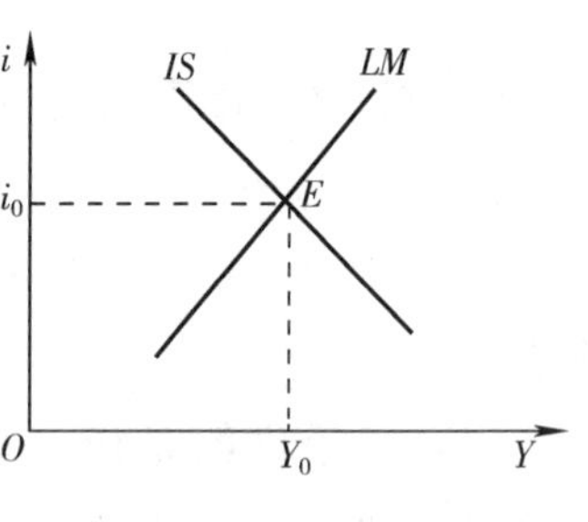

图 7—2—8 *IS-LM* 模型

三、总需求—总供给模型

在以上关于总需求的分析中，假设总供给可以随总需求的增加而增加，并假设价格水平不变，因此没有分析总供给对国民收入决定的影响以及价格水平决定的影响。但在现实中，总供给是有限的，价格水平也是变动的。在总需求—总供给模型中，就把总需求分析与总供给分析结合起来，说明总需求与总供给如何决定国民收入与价格水平。

1. 总需求曲线

总需求曲线是表明商品市场与货币市场同时达到均衡时总需求与价格水平之间关系的曲线，如图 7—2—9 所示。图 7—2—9 中，*AD* 曲线代表总需求，横轴代表国民收入，纵轴代表价格水平。从图中可以看出，当价格水平越高时，国民收入越少。总需求曲线表明价格水平与国民收入成反方向变动的关系，其原因可用 *IS-LM* 模型予以解释。在 *IS-LM* 模型中，货币供给量指的是实际货币供给量，其大小取决于名义货币供给量与价格水平。当名义货币供给量不变时，实际货币供给量与价格水平成反方向变动，即价格水平上升，实际货币供给量减少；价格水平下降，实际货币供给量增加。因此，在货币需求不变的情况下，实际货币供给量的增加会引起利率的下降，进而引起投资增加，总需求增加。

2. 总供给曲线

总供给曲线表明在每一既定的价格水平下，所有厂商愿意提供的产品与劳务的总和。由于总供给取决于资源利用情况，因而在不同的资源利用状况下，总供给与价格水平之间的关系即总供给曲线是不同的。图 7—2—10 即说明了总供给曲线的三种不同情况：

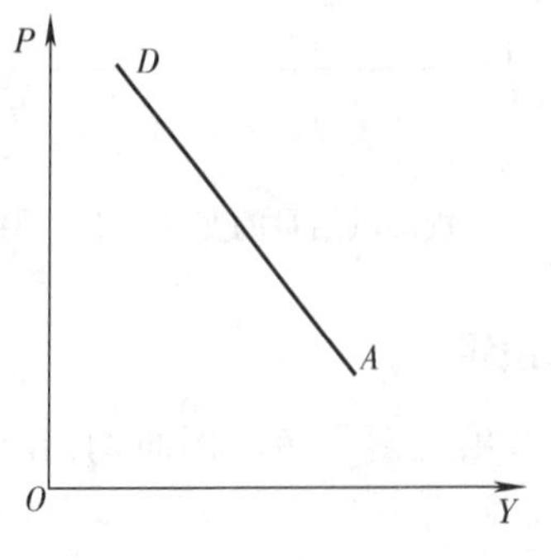

图 7—2—9　总需求曲线

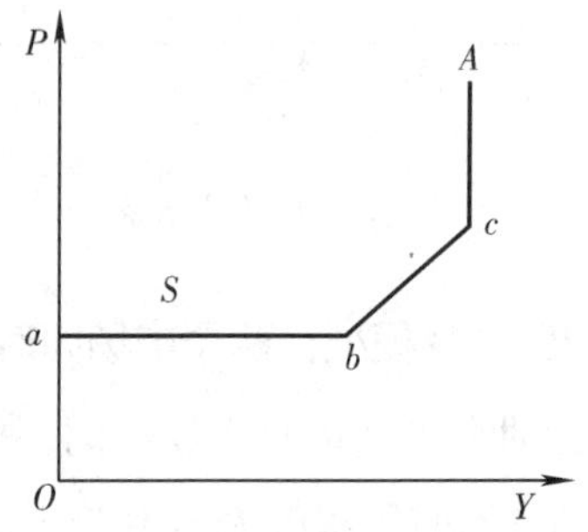

图 7—2—10　总供给曲线

（1）总供给曲线呈现为一条与横轴平行的线

即图中的 $a-b$ 线段。它表明，在资源尚未得到充分利用的条件下，可以在不提高价格的情况下增加总供给。这种情况是由凯恩斯提出来的，因而该种曲线被称为“凯恩斯总供给曲线”。

（2）总供给曲线表现为一条向右上方倾斜的曲线

即图中的 $b-c$ 线段。它表明，在资源接近充分利用的条件下，由于产量的增加会使生产要素的价格上涨，从而使生产成本增加，进而推动整个价格水平上升。它表明总供给与价格水平成同方向变动，但这是短期内存在的情况。该种曲线被称为“短期总供给曲线”。

（3）总供给曲线表现为一条垂线

即图中的 c 点以上的线段。它表明，在资源已得到充分利用的条件下，无论价格水平如何上升，总供给也不会增加。由于从长期来看，经济总是会实现充分就业的，因而该种曲线被称为“长期总供给曲线”。

上述三种情况的总供给曲线，第二种是短期总供给曲线，它会由于技术进步等原因发生向左下方或右上方的平行推移；其他两种情况的总供给曲线，在资源既定，即潜在的国民收入水平既定的条件下，均不会发生上下或左右的平行移动。

3. 总供求模型

总供求模型就是将总需求曲线和总供给曲线结合起来说明国民收入与价格水平的决定问题。如图 7—2—11 所示，总需求曲线 AD 与总供给曲线 AS 相交于 E_0 点，决定了相应的均衡国民收入为 Y_0，均衡的价格水平为 P_0。在均衡点的上方，总供给大于总需求，过多的供给迫使价格下降；而在均衡点以下，总供给小于总需求，过多的需求会使价格水平上升。在均衡点上，国民收入和价格水平达到稳定的状态。所以，在一定时期内，实际的国民收入始终是总供求相等时的均衡国民收入。

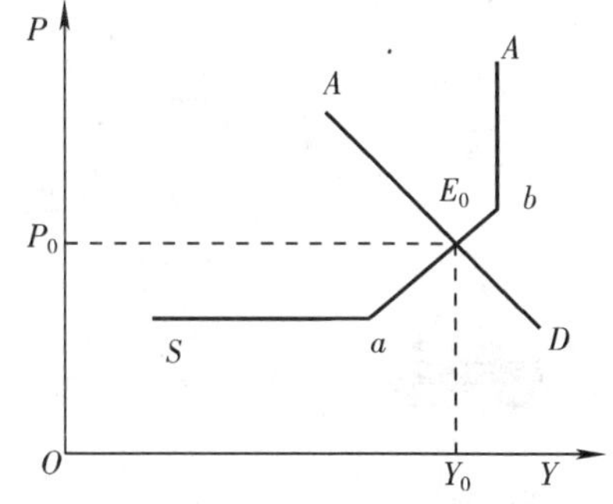

图 7—2—11　总供求均衡与国民收入决定

在总需求—总供给模型中，在分析总需求变动对国民收入与价格水平的影响时，必须考虑到总供给曲线的不同情况。

任务实施

可以运用上述国民收入决定理论来分析节俭悖论。在既定的收入中，消费与储蓄成反方向变动。增加消费、减少储蓄会增加总需求，从而使国民收入增加，经济繁荣；相反，减少消费、增加储蓄会减少总需求，从而使国民收入减少，经济萧条。由此就得出了一个自相矛盾的结论：仅从个人的角度来看，个人节制消费、增加储蓄，可以获得利息收入，从而可以使个人财富增加；但从整个经济全局来看，个人减少消费、增加储蓄会减少国民收入，引起经济萧条，因而对整个经济来说是坏事。相反，个人增加消费、减少储蓄会减少个人财富，但却会增加国民收入，使经济繁荣，对整个经济来说则是好事。这就是出现节俭悖论的原因。如图 7—2—12 所示，当储蓄水平提高时，即储蓄水平由原来的 S_1 提升到 S_2，消费与投资的相交点由原来的 E_1 变成了 E_2，对应的国民收入 Y_1 就变成了 Y_2，显然国民收入 Y_2 小于 Y_1。

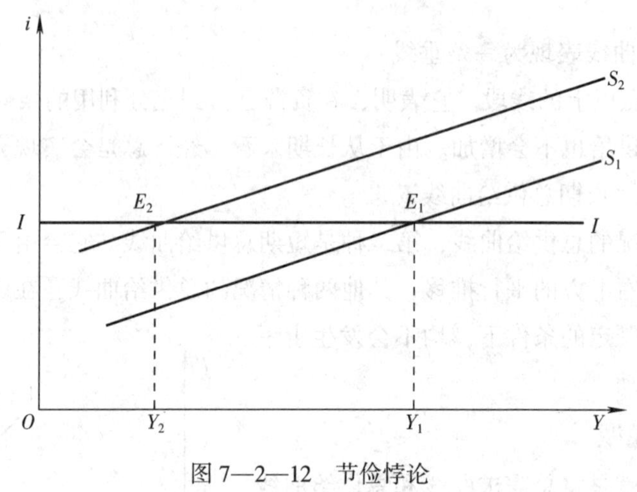

图 7—2—12　节俭悖论

思考题

1. 总需求与国民收入变动的关系是什么？
2. 在总需求—总供给模型中，总需求和总供给如何决定国民收入和价格水平？

模块八　失业与通货膨胀理论

任务1　失业的衡量

知识目标

➢ 掌握失业的界定与类型

➢ 掌握失业的成因与影响

能力目标

➢ 学会计算失业率

➢ 能够分析现实生活中失业的成因和控制对策

任务引入

以下是一些生活中常见的事例和现象。

1. 一个30岁的智障者待在家中。

2. 一个12岁的中学生整天待在家中。

3. 小王从报社辞职去旅游。

4. 大学生小张毕业后宁愿等待也不愿到与自己期望差距较大的部门、单位和地域工作。

5. 企业破产，其雇员被解聘，被迫寻找新的工作。

6. 小夏不满足于现在的工资状况而辞职，正在寻找工作。

7. 人们搬到一个新城市后需要重新寻找工作。

8. 妇女在生完孩子后可能需要重新寻找工作。

9. 农民冬季农闲待在家中。

10. 50岁的老张因不会用电脑报账而不能再做会计。

11. 部分初级工人因不适应我国制造业的升级和转型而丢了工作。

12. 由于社会需求不足，各厂商压缩生产，大量裁减雇员，员工因此失去了工作。

13. 由于工资刚性，一部分工人无法受雇。

问题：

1. 在以上13种情况中，哪些情况是失业，哪些情况不是失业？如果是失业的话，分别属于什么类型的失业？

2. 如何控制这些失业状况？

任务分析

失业是市场经济国家普遍面临的难题。分析失业现象对解决中国当前就业问题有重要的意义。本案例要求对失业进行界定，这就必须了解失业的定义、类型及其产生的原因。

相关知识

一、失业的基本概念

1. 失业的含义

失业是指符合法定工作条件、有工作愿望的人，愿意接受现行工资且正在寻找工作，但还没有找到工作的经济现象。符合法定工作条件、有工作愿望、愿意接受现行工资且正在寻找工作，但还没有找到工作的人，就是失业者。

把握失业的含义，必须注意两点：

（1）符合法定工作条件

符合法定工作条件是指达到法定的劳动年龄、具有劳动能力和劳动技能等。如果一个人没有工作所需要的工作能力，没有劳动技能，虽然没有工作，也不属于失业者。

（2）有工作的愿望且接受现行的工资

对于有工作愿望且接受现行工资水平的人来说，尽管积极寻找工作但仍然没有找到工作，就属于失业者。如果没有工作的愿望，或虽然有工作愿望但因不接受现行工资水平而没有工作的人，不属于失业者。

但是，有工作能力而没有工作，毕竟是一种劳动力的闲置。为了把这种劳动力的闲置与失业区别开，西方经济学把符合工作条件但不按现行工资寻找工作的人称为自愿失业者，把有工作愿望且接受现行工资水平、正在积极寻找工作但仍然没有找到工作的失业者称为非自愿失业者。

2. 失业的界定及失业人口的统计

图8—1—1说明了界定失业的流程，同时还表明了如何统计失业人口。

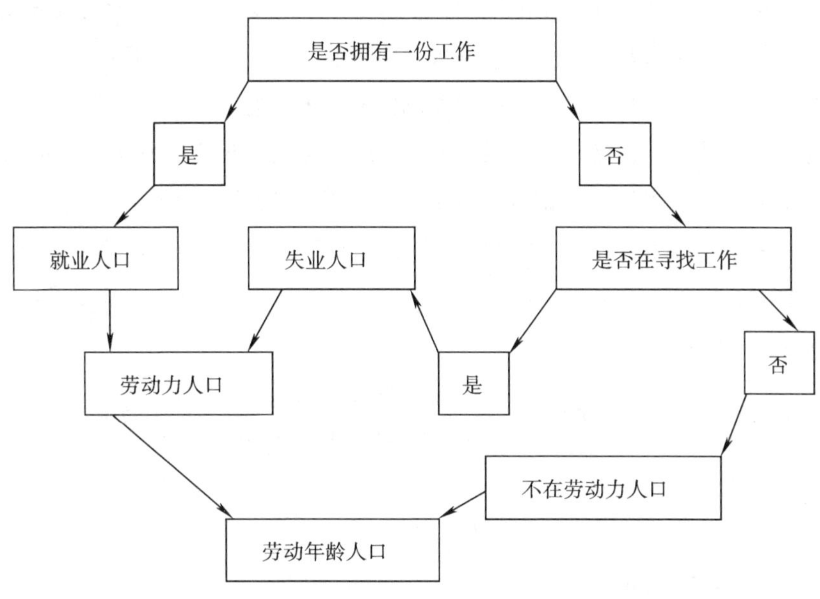

图 8—1—1　失业人口的确定

（1）确定劳动年龄人口

世界上大多数国家规定，把 16~65 周岁的人口确定为劳动年龄人口。我国则规定 16~60 周岁的男性和 16~55 周岁的女性为劳动年龄人口。

（2）确定不在劳动力人口

不在劳动力人口是指有劳动能力而不愿意劳动的人口。

（3）确定劳动力人口

劳动年龄人口减去不在劳动力人口，就是劳动力人口。

（4）失业人口

劳动力人口减去就业人口，就是失业人口。

3. 自然失业率与充分就业

失业率随着就业量的提高而下降，但失业率从来不会降到零。在社会经济发展正常的情况下，仍然存在着失业，此时的失业率称为自然失业率，与自然失业率相对应的就业量称为潜在就业量。只存在自然失业率的就业状况，就是充分就业。

失业率是评价一个国家或地区失业状况的主要指标。目前，国际上通用的失业率概念，是指失业人数同从业人数与失业人数之和的比值，它反映了一定时期内可以参加社会劳动的人数中实际失业人数所占的比重。

我国目前使用的城镇登记失业率概念，是指城镇登记失业人数同城镇从业人数与城镇登记失业人数之和的比值，其计算公式为：

$$\text{城镇登记失业率}=\frac{\text{城镇登记失业人数}}{\text{城镇就业人数}+\text{城镇登记失业人数}}\times 100\%$$

其中，城镇就业人数指在城镇范围内，从事一定社会劳动并取得劳动报酬或经营收入的全部人员的数量。城镇登记失业人员是指有非农业户口，在一定的劳动年龄内，有劳动能力，无业而要求就业，并在当地就业服务机构进行求职登记的人员，但不包括正在就读的学生和等待就学的人员、已经达到国家规定的退休年龄或虽未达到国家规定的退休年龄但已经办理了退休（含离休）或退职手续的人员、其他不符合失业定义的人员。

【例 8—1—1】 假定我国某时期某个城镇有 1.9 万工作年龄的人口，其中有 1.2 万人有工作，1 000 人在寻找工作，1 500 人放弃寻求工作，4 500 人不要工作，那么该城镇的登记失业率是：

$$\text{城镇登记失业率}=\frac{\text{城镇登记失业人数}}{\text{城镇就业人数}+\text{城镇登记失业人数}}\times 100\%$$

$$=\frac{1\ 000}{12\ 000+1\ 000}=7.7\%$$

二、自然失业的类型

自然失业是指由于经济中某些难以避免的原因而引起的失业。在任何国家，这种失业都是不同程度存在的。它可以分为周期性失业、摩擦性失业、结构性失业和古典失业，见表 8—1—1。

表 8—1—1　　自然失业的类型

<table>
<tr><th>成因</th><th colspan="2">类型</th></tr>
<tr><td>经济周期中的衰退或萧条时期总需求下降</td><td colspan="2">周期性失业</td></tr>
<tr><td rowspan="3">经济中正常的劳动力流动</td><td rowspan="3">摩擦性失业</td><td>求职性失业</td></tr>
<tr><td>失职性失业</td></tr>
<tr><td>寻职性失业</td></tr>
<tr><td rowspan="3">劳动的供给结构与劳动的需求结构不一致</td><td rowspan="3">结构性失业</td><td>技能性失业</td></tr>
<tr><td>技术性失业</td></tr>
<tr><td>季节性失业</td></tr>
<tr><td>工资刚性</td><td colspan="2">古典失业</td></tr>
</table>

1. 周期性失业

周期性失业是指经济周期中的衰退或萧条时期因总需求下降而造成的失业。经济增长具有周期性，当经济增长处于高涨阶段时，就业量增加，失业量减少；当经济增长处于下降阶段时，就业量减少而失业量增加。按照凯恩斯的说法，当实际的总需求小于充分就业的总需求时，消费疲软，市场不旺，造成企业投资减少，从而减少雇佣人员而形成周期性失业。通货紧缩时期的失业也可看作周期性失业。

2. 摩擦性失业

摩擦性失业是由于经济中正常的劳动力流动而引起的失业。在一个动态经济中，各行业、各部门与各地区劳动需求的变动是经常发生的，这种变动必然导致劳动力的流动。在劳动力的流动中总有部分工人处于失业状态，这就形成了摩擦性失业。经济中的劳动力流动是正常的，所以这种失业的存在也是正常的。一般把新加入劳动力队伍正在寻找工作而造成的失业，也归入摩擦性失业的范围之内。

摩擦性失业有以下几种类型：

（1）求职性失业

这种失业指劳动者不满意现有工作，为追求更理想的工作而不断转换工作所造成的失业。求职性失业一般在年轻人身上居多。

（2）失职性失业

这种失业指劳动者被解聘，被迫寻找新的工作所造成的失业。

（3）寻职性失业

这种失业指新加入劳动力队伍暂时没有找到工作，而正在寻找工作所造成的失业。

3. 结构性失业

结构性失业是指因劳动的供给结构与劳动的需求结构不一致而导致的失业。劳动的需求结构是由包括产业结构、产品结构在内的经济结构决定的，劳动的供给结构是由人口总量和人口结构决定的，此外，教育也是影响劳动供给结构的重要变量。当劳动力因技术、性别、心理等原因不能适应劳动需求的变化时，就会出现工作岗位与劳动人口的不均衡，从而形成结构性失业。在结构性失业出现后，劳动的供给结构必须根据产业结构和产品结构去调整。在这种调整中，一般年长者调整的速度慢于年轻人，因为年长者接受新知识的主动性及经济行为的灵活性低于年轻人。所以，在结构性失业人口中，年长者多于年轻人。存在结构性失业的经济中，一方面有失业者，另一方面又有职位空缺，但失业者因种种原因又不能填补现有的职位空缺。

结构性失业有以下几种类型：

（1）技能性失业

这种失业是指因劳动力技能不适应经济结构、地区结构和性别结构的变动而引起的失业。这种失业一般会集中出现在某一个结构变动的时期。

（2）技术性失业

这种失业是指因技术进步导致机器排挤工人所造成的失业。技术水平不断提高是社会经济发展的必然趋势，当技术水平提高后，先进的设备会取代一部分工人，等量的生产就用不了太多的工人，企业这时就会解雇工人，从而造成失业，即技术性失业。属于技术性失业的劳动者大都不能适应现代化技术要求。

（3）季节性失业

这种失业是指因某一行业随着季节（包括自然季节、生产季节或销售季节）变换而波动所造成的失业。有些行业的生产与服务会随着季节的变化而变化，对劳动的需求也随着季节的变化而变化，生产和销售旺季所需的人手多，生产和销售淡季所需的人手少，因而出现季节性失业。季节性失业是在生产或销售处于淡季时出现的失业。建筑业、农业、旅游业等行业，季节性失业最明显。

4. 古典失业

古典失业是指工资刚性引起的失业，即工人要求较高的工资而使资本家解雇工人所产生的失业。由于工会的存在与最低工资法的规定，市场难以调节劳动力的供求，因而不能形成市场化的均衡工资，形成工资只能升不能降的工资刚性。当资本家不愿意增加工资总量时，随着单个劳动者工资的增加就必然解雇一部分工人，从而造成失业。这种失业最早由古典经济学家提出，故称为古典失业。

三、失业的影响

1. 失业对经济的影响

（1）失业对家庭的影响

失业使失业者的家庭收入和消费受到消极影响。失业后，家庭收入急剧下降，消费支出也随之下降。

（2）对厂商的影响

失业导致消费支出下降，有效需求下降，于是厂商销售萎缩，产出降低，生产能力闲置，利润率下降，随之减少投资需求，减少新的生产能力。

（3）对国民经济的影响

由于家庭消费减少和厂商投资下降，整个国民经济的增长受到抑制。

2. 失业对社会的影响

失业会导致个人的尊严受损，导致家庭关系紧张，导致居民生活水平下降和疾病增多，还会导致犯罪增多和社会秩序混乱。

四、失业治理对策

1. 凯恩斯的失业治理对策

一是通过扩张性的财政政策来刺激总需求，以实现充分就业。扩张性的财政政策包括增加政府支出、增加转移支付、减税。

二是通过扩张性的货币政策刺激总需求，以实现充分就业。扩张性的货币政策包括降低法定准备率，降低利率，降低再贴现率，买进政府债券等。

2. 我国的失业治理对策

（1）采取积极的财政政策

实施积极的财政政策，可以在一定程度上刺激国内需求，扩大社会投资，创造大量的就业岗位。同时，由于社会投资的增长，国民经济能以较高速度健康发展，经济的繁荣又提高了对劳动力的吸纳能力，促进就业率上升。

（2）提高我国资本资源

我国劳动力资源较为丰富，但资本资源相对缺乏。为了降低失业率，我国不断提高资本资源，扩大劳动力市场，使企业对劳动力的需求量不断扩大，增加劳动者就业空间，从根本上促进我国的就业。

（3）扩大教育投资

扩大教育投资一方面可以提高劳动者的素质，提高其技术水平，使其适应社会的要求；另一方面，可以推迟劳动者的就业时间，使劳动者有机会根据就业情况选择是否继续接受教育、延缓就业时间。

（4）进行下岗职工的职业培训

由于年龄偏大、学习能力偏低等原因，我国下岗工人的再就业率偏低。为了解决下岗劳动者适应社会的问题，我国通过实施对下岗职工的再培训，提高了一大批下岗职工的再就业能力，在一定程度上减缓了就业压力。

任务实施

根据失业的概念判断，智障者和 12 岁的中学生都不符合法定工作条件，小王从报社辞职去旅游属于没有工作愿望，所以这 3 种情况均不属于失业。另外 10 种情况均属失业。

根据失业的不同类型及其含义可以对任务引入案例中的失业情况作出如下判断：

大学生小张毕业后宁愿等待也不愿到与自己期望差距较大的部门、单位、地域工作，属于摩擦性失业中的寻职性失业。

企业破产，其雇员被解聘，被迫寻找新的工作，属于摩擦性失业中的失职性失业。

小夏不满足于现在的工资状况而辞职，正在寻找工作，属于摩擦性失业中的求职性失业。

人们搬到一个新城市后需要重新寻找工作，属于摩擦性失业中的求职性失业。

妇女在生完孩子后可能需要重新寻找工作，属于摩擦性失业中的求职性失业。

农民冬季农闲待在家中，属于结构性失业中的季节性失业。

50岁的老张因不会用电脑报账而不能再做会计，属于结构性失业中的技术性失业。

部分初级工人不适应我国制造业的升级和转型而失业，属于结构性失业中的技能性失业。

由于社会需求不足，各厂商压缩生产，大量裁减雇员，导致员工失去了工作，属于周期性失业。

由于工资刚性，一部分工人无法受雇，属于古典失业。

控制这些失业状况，需要按照我国治理失业的对策采取相应措施，如建立和完善社会保障制度、保持经济较快增长等。

思考题

1. 什么是失业？失业如何界定？

2. 失业的类型有哪些？

3. 某个国家的总人口数为3 000万人，其中就业者为1 500万人，失业者为500万人，则该国的失业率为多少？

知识链接

奥肯法则

奥肯法则是美国经济学家阿瑟·奥肯（1929—1979）提出的失业率与经济增长率之间关系的原理。其内容为：如果国民生产总值年增长率为3%，失业率就可保持不变；国民生产总值年增长率每年增加2%，失业率便下降1%；国民生产总值年增长率在3%以下，每下降2%，失业率便上升1%。

奥肯法则还指出，实际GDP相对潜在GDP每下降2%，失业率就上升1%；反之，实际GDP每增加2%，失业率就下降1%。例如，假定某一时期的实际GDP等于潜在GDP，失业率为4%，当实际GDP下降4%时，现期的实际GDP为潜在GDP的96%，那么失业率就会上升2%，即由原来的4%上升为6%。

奥肯法则揭示了失业与经济增长之间的内在关系，说明失业的变动会引起经济增长的变动，经济增长的变动也会引起失业的相应变动。从失业增加引起经济增长水平下降的角度看，奥肯法则其实说明了失业对经济带来的损失。

任务 2 通货膨胀的衡量

知识目标

- ➢ 掌握通货膨胀的含义和衡量
- ➢ 掌握通货膨胀的类型
- ➢ 掌握通货膨胀的成因
- ➢ 掌握治理通货膨胀的对策

能力目标

- ➢ 能够分析现实生活中是否存在通货膨胀，以及通货膨胀的影响

任务引入

表 8—2—1 是我国 2007 年 8 月至 2010 年 4 月的居民消费价格指数统计数据。

表 8—2—1 居民消费价格指数统计数据

时间	居民消费价格指数当期值（%）	时间	居民消费价格指数当期值（%）
2010 年 4 月	102. 8	2008 年 11 月	102. 4
2010 年 3 月	102. 4	2008 年 10 月	104. 0
2010 年 2 月	102. 7	2008 年 9 月	104. 6
2010 年 1 月	101. 5	2008 年 8 月	104. 9
2009 年 12 月	101. 9	2008 年 7 月	106. 3
2009 年 11 月	100. 6	2008 年 6 月	107. 1
2009 年 10 月	99. 5	2008 年 5 月	107. 7
2009 年 9 月	99. 2	2008 年 4 月	108. 5
2009 年 8 月	98. 8	2008 年 3 月	108. 3
2009 年 7 月	98. 2	2008 年 2 月	108. 7
2009 年 6 月	98. 3	2008 年 1 月	107. 1
2009 年 5 月	98. 6	2007 年 12 月	106. 5
2009 年 4 月	98. 5	2007 年 11 月	106. 9
2009 年 3 月	98. 8	2007 年 10 月	106. 5
2009 年 2 月	98. 4	2007 年 9 月	106. 2
2009 年 1 月	101. 0	2007 年 8 月	106. 5
2008 年 12 月	101. 2		

数据显示，在 2007 年 8 月至 2008 年 7 月期间，居民消费价格指数涨幅曾连续 12

个月超过6%，其中2008年2月增长达8.7%。

问题：

1. 当时我国经济是否处于通货膨胀时期？

2. 通货膨胀对居民的生活有什么负面影响？

任务分析

居民消费价格指数是表示居民购买一篮子消费品和劳务的平均价格指数，一般用来衡量通货膨胀是否出现，以及程度如何。本案例的实质是引导读者认识通货膨胀的含义、界定、类型、成因和通货膨胀对生活的影响等问题。

相关知识

一、通货膨胀的含义和衡量

1. 通货膨胀的含义

通货膨胀是一种货币现象，指因货币发行量超过流通中实际所需要的货币量而引起的货币贬值现象。通货膨胀与物价上涨是不同的经济概念，但两者又有一定的联系，通货膨胀最为直接的结果就是物价上涨。

2. 通货膨胀率的含义和计算公式

通货膨胀率是货币发行量与实际需要的货币量之比，用以反映通货膨胀、货币贬值的程度。价格指数则是反映价格变动趋势和程度的相对数。

在经济学上，通货膨胀率为物价平均水平的上升幅度。以气球来类比，若其体积大小为物价水平，则通货膨胀率为气球膨胀速度。或者说，通货膨胀率为货币购买力的下降速度。

通货膨胀率的计算公式是：

$$通货膨胀率=\frac{现期物价水平-基期物价水平}{基期物价水平}\times 100\%$$

其中，基期物价水平就是选定某年的物价水平作为一个参照，这样就可以把其他各期的物价水平与基期水平进行对比，从而衡量现期的通货膨胀水平。

3. 通货膨胀率的衡量

在实际生活中，一般不直接也不可能计算通货膨胀率，而是通过价格指数的增长率来间接表示。世界各国常用的价格指数包括消费者价格指数（我国称居民消费价格指数，简称CPI）、生产者价格指数（简称PPI）和国内生产总值指数（GDP Deflator），如图 8—2—1 所示。

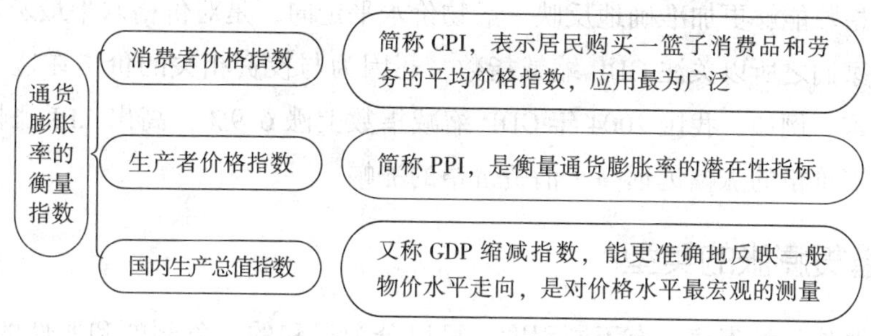

图 8—2—1　通货膨胀率的衡量指数

（1）居民消费价格指数

居民消费价格指数是反映与居民生活有关的产品及劳务价格的指标，通常作为观察通货膨胀水平的重要指标。消费者价格是反映商品经过流通各环节形成的最终价格，它最全面地反映了商品流通对货币的需求量，因此，它是最常用的，最能充分、全面反映通货膨胀率的价格指数。

居民消费价格指数可按城乡分别编制城市居民消费价格指数和农村居民消费价格指数，也可按全社会编制全国居民消费价格总指数。居民消费价格指数追踪一定时期的生活成本以计算通货膨胀水平。如果该指数升幅过大，表明通货膨胀已经成为经济不稳定因素，央行可能采取紧缩性货币政策和财政政策，从而造成经济前景不明朗。

居民消费价格指数囊括了生活必需品如食物、汽车、汽油、房屋、公用设备、衣服以及医疗的价格，同时还包括一些生活享受性消费的价格，例如体育赛事的门票价格以及高级餐厅晚餐价格。

举例来说，如果过去 12 个月居民消费价格指数上升 2. 3%，那就表示当前生活成本比 12 个月前平均上升了 2. 3%。当生活成本提高，货币价值便随之下降。也就是说，一年前的 100 元纸币，现在只可以买到价值 97. 70 元的商品及服务。

（2）生产者价格指数

生产者价格指数是衡量工业企业产品出厂价格变动趋势和变动程度的指数，是反映某一时期生产领域价格变动情况的重要经济指标，也是制定有关经济政策和进行国民经济核算的重要依据。生产者价格指数的上涨反映了生产者价格的提高，相应地，生产者的生产成本增加，而生产成本的增加通常都会转嫁到消费者身上，从而导致居民消费价格指数的上涨。生产者价格指数是衡量通货膨胀状况的潜在性指标。

（3）国内生产总值指数

国内生产总值指数又称 GDP 缩减指数，是指剔除物价变动前的 GDP（即现价 GDP）增长率与剔除物价变动后的 GDP（即不变价 GDP）增长率或实质 GDP 增长率之差。该指数也用来计算 GDP 的组成部分，如个人消费开支。它的计算对象比 CPI 更广泛，涉及全部商品和服务，除消费外，还包括生产资料、资本、进出口商品和劳务等。因此，这一指数能够更加准确地反映一般物价水平走向，是对价格水平最宏观的测量。

经济专家们之所以关注 GDP 缩减指数，还因为与投资相关的价格在这一指标中具有更高的权重。例如，我国 2004 年 GDP 缩减指数上涨 6.9%，高出 CPI 涨幅 3 个百分点，说明投资价格的涨幅远远高于消费价格的涨幅。

二、通货膨胀的类型

通货膨胀像一种疾病，有不同程度，可以分为温和的、急剧的和恶性的三种类型。这三种类型的通货膨胀并不存在十分明确的界限，但它们却有着质的区别，见表 8—2—2。

表 8—2—2　　通货膨胀的类型

类型	每年通货膨胀率标准	特点
温和的通货膨胀	小于 10%	通货膨胀率低，而且比较稳定
急剧的通货膨胀	大于 10%且小于 100%	通货膨胀率较高，而且还在加剧
恶性的通货膨胀	大于 100%	通货膨胀率非常高，而且完全失去了控制

1. 温和的通货膨胀

温和的通货膨胀出现在价格缓慢上升的时期，是指年通货膨胀率低于 10%的情况。在温和而稳定的通货膨胀下，由于相对价格变化不明显，实际利率不会太低，人们对通货膨胀的预期比较稳定，因而不会抢购商品，并愿意用名义货币来订立契约，社会的效率损失是有限的。

2. 急剧的通货膨胀

急剧的通货膨胀指年通货膨胀率大于 10%且小于 100%的情况。

一旦发生急剧的通货膨胀，便会出现严重的经济扭曲现象。例如，大多数契约按照价格指数或采用一种外国货币作为指数来订立和进行调整；金融市场消失了，资金依靠定量分配，而不是靠利率杠杆来配置；人们囤积商品，购买房屋以便保值。

3. 恶性的通货膨胀

恶性的通货膨胀指年通货膨胀率大于 100%的情况。恶性的通货膨胀会对经济和社会产生极大的破坏作用，被看作通货膨胀的癌症。

三、通货膨胀的形成原因

形成通货膨胀的原因是多方面的。宏观经济主体及其行为、微观经济主体及其行为，都会从货币供给量、需求、供给、经济结构等方面促成通货膨胀。

1. 货币供给的增加形成通货膨胀

把通货膨胀与货币供给联系起来的经济理论是以货币数量论为理论依据的。货币数量论用交易方程式作为分析工具，提出了商品价格取决于货币供给量的理论。

货币数量论者提出的交易方程式是：

$$MV=PY$$

式中的 M、V、P、Y 分别表示货币的供给量、货币的流通速度、商品价格水平和实际国民收入。等式的左边，是经济中的总支出；等式的右边，是名义收入。货币数量论认为，在这个等式中，货币流通速度 V 和实际国民收入 Y 在短期内都是常数，因此，物价水平 P 就随着货币供给量 M 的变动而变动。当货币供给量增加时，物价水平就上升，形成通货膨胀。

货币数量论中的传统货币数量论和现代货币数量论在通货膨胀的形成原因上，持有相同的观点，但是，它们也有一个值得注意的区别，即传统货币数量论认为货币供给量的变动只是影响物价的变动，而现代货币数量论则认为货币供给量的变动会影响总产量或国民收入的变动。

2. 需求拉动的通货膨胀

需求拉动的通货膨胀也叫超额需求通货膨胀，是指因总需求增加而引起的一般价格水平普遍和持续的上涨。

需求拉动的通货膨胀理论有两种。一种是凯恩斯提出的充分就业时需求拉动的通货膨胀理论，另一种是鲍莫尔提出的非充分就业时需求拉动的通货膨胀理论。凯恩斯认为，当经济中实现了充分就业时，如果实际总需求大于充分就业下的总需求，其差额就构成了“通货膨胀缺口”，导致通货膨胀，如图 8—2—2 所示。当总需求不断增加，即总需求曲线 AD_1 不断右移至 AD_2、AD_3 时，价格水平就相应由 P_1 上升到 P_2、P_3，同时，收入量也由 y_1 不断增加到 y_2、y_3，这一段的价格上涨是“瓶颈式”通货膨胀，即因劳动、原料、设备不足等“供给瓶颈”引发的通货膨胀。当总需求从 AD_3 继续增加至 AD_4 时，由于总供给已经达到充分就业水平，即总供给曲线 AS 呈现垂直形状，总需求的增加不会使收入 y_3 再增加。故在总供给或收入不变的情况下，价格由 P_3 上升到 P_4，这一段的价格上涨就是“需求拉动”的通货膨胀。

鲍莫尔认为，不仅在实现了充分就业的条件下会出现通货膨胀，而且在没有实现充分就业的条件下也会出现通货膨胀。未实现充分就业时，总需求增加所引起的通货膨胀率的高低取决于总供给曲线的斜率。总供给曲线的斜率越大，总需求增加所引起的产量增加就越小，引起的物价上涨的幅度就越大，通货膨胀越严重，如图 8—2—3 所示。总供给曲线 AS 一定，总需求不断增加，当总需求从 AD_1 上升到 AD_2 时，国民收入从 y_1 增加到 y_2；当总需求从 AD_2 上升到 AD_3 时，国民收入从 y_2 上升到 y_3；当总需求

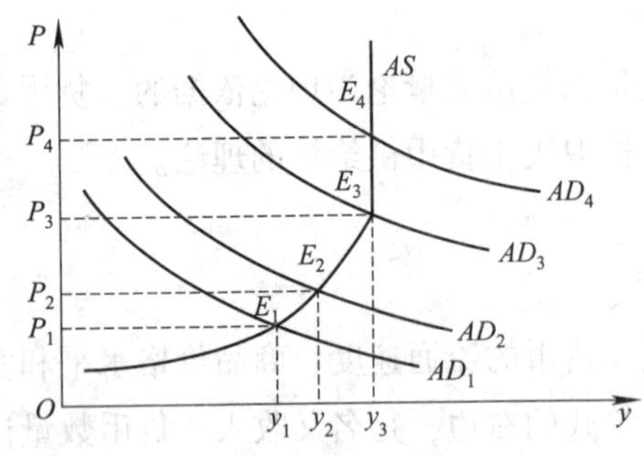

图 8—2—2　凯恩斯的通货膨胀理论

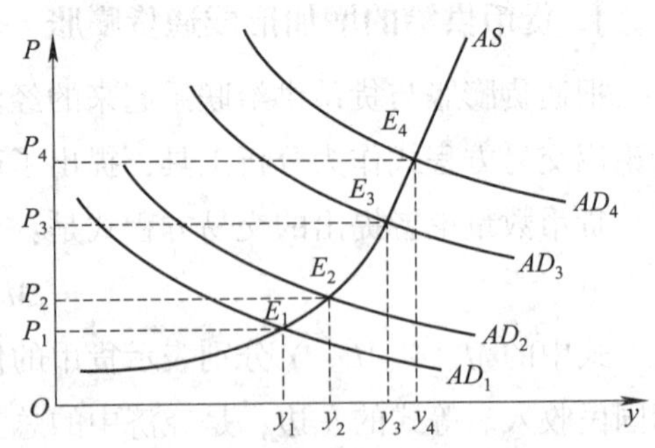

图 8—2—3　鲍莫尔的通货膨胀理论

从 AD_3 上升到 AD_4 时，国民收入从 y_3 增加到 y_4，增加得越来越慢，而价格相应地从 P_1 上升到 P_2、从 P_2 上升到 P_3、从 P_3 上升到 P_4，上升得越来越快。可以看到，当总供给曲线越来越接近潜在产出时，需求增加推动国民收入增长的作用在下降，而推动物价上涨的作用则在上升。总之，当总供给曲线一定时，连续增加总需求，就会在推动国民收入增长的同时，推动物价水平的上涨。这样，当太多的货币支出追逐太少的商品时，就发生了需求拉动的通货膨胀。

3. 成本推动的通货膨胀

成本推动的通货膨胀也叫成本通货膨胀或供给通货膨胀，是指总供给的减少所引起的一般价格水平普遍和持续的上涨。

当总需求曲线一定时，总供给曲线因成本提高而向左移动，于是在国民产出降低的同时，物价却上涨了，如图 8—2—4 所示。

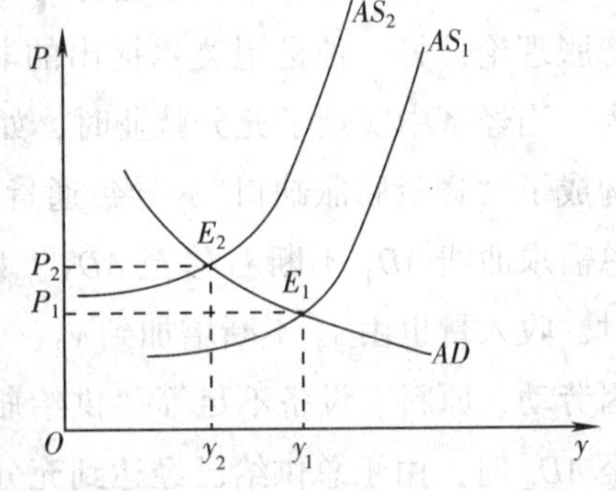

图 8—2—4　成本推动的通货膨胀

图中，总需求曲线 AD 一定，当总供给减少即总供给曲线由 AS_1 向左移动到 AS_2 时，国民收入由 y_1 减少到 y_2，价格则由 P_1 上升到 P_2。

成本推动的通货膨胀成因有工资成本增长、利润增长和进口原料成本增加，与此相应，有三种成本推动的通货膨胀理论，即工资成本推动通货膨胀理论、利润推动通货膨胀理论、原料成本推动通货膨胀理论。

工资成本推动的通货膨胀是指因工资的上涨而引起的物价的普遍上涨。工资成本推动通货膨胀理论认为，工会组织对增加工资的要求是引起成本推动的通货膨胀的原因。在工会组织的要求下，劳动市场成为不完全竞争的生产要素市场，企业在许多工会会员失业的情况下，仍然要支付高工资。由于工资决定中攀比原则的存在，没有工会的企业也要支付高工资，因为低工资无法留住企业所需要的工人。于是，工资成本就会普遍上涨，导致物价普遍上涨，出现通货膨胀。

利润推动通货膨胀是指具有垄断地位的企业为实现更多的利润而提高价格所引起的一般价格水平的普遍上涨。利润推动通货膨胀理论认为，垄断企业作为产品供给一方，不是市场价格的接受者，而是价格的操纵者。操纵价格是一种能够得到高额利润的垄断价格。操纵价格大量存在会引起物价的普遍上涨，引发通货膨胀。

原料成本推动的通货膨胀是指由于进口原料价格提高而引起的物价的普遍上涨。原料成本推动通货膨胀理论认为，一国从外国进口的商品，有些作为原料进入本国的生产过程。当这种进口商品的价格上涨后，本国的生产成本就会上升，从而推动本国物价上涨，引发通货膨胀。例如，进口石油的价格上升，就使以石油为原料的企业的生产经营成本上涨。

4. 结构性通货膨胀

结构性通货膨胀是指经济结构的非均衡状况所引起的一般价格水平普遍和持续的上涨。结构性通货膨胀理论的提出者认为，在没有需求拉动和成本推动的条件下，只是由于经济结构的失衡也可以引发通货膨胀。在现实经济中，有的部门劳动生产率高，有的部门劳动生产率低；有的部门属于先进部门，有的部门属于保守部门。一般说来，工业部门是劳动生产率高的先进部门，而服务业则属于劳动生产率低的保守部门。劳动生产率高的部门提高了货币工资后，劳动生产率低的部门的货币工资也在“公平”原则下要求提高，否则劳动生产率低的部门的人员就感到“不公平”。当劳动生产率低的部门的货币工资也提高以后，其所提供的产品（或服务）的价格也必然提高。这样，整个社会的工资增长率高于劳动生产率的增长率，从而引发了一般物价水平持续和普遍的上涨，出现通货膨胀。

四、治理通货膨胀的政策

控制通货膨胀是各国政府的重要政策目标。但是，由于引发通货膨胀的因素十分复杂，治理通货膨胀并不存在普遍适用的模式，只可能是相机选择政策。

1. 紧缩性的财政政策与货币政策

紧缩性的财政政策与货币政策是治理需求拉动的通货膨胀的传统方法。需求拉动的通货膨胀又称超额需求通货膨胀，是指总需求超过总供给所引起的一般价格水平的持续显著的上涨。一般说来，总需求的增加会引起物价水平的上升和生产总量的增加，但在达到充分就业的情况下，即达到实际产量的极限之后，总需求任何一点的增加，都会引起价格水平的进一步提高，也就是通货膨胀更加明显。这种通货膨胀被认为是“过多的货币追逐过少的商品”。因此，治理该类通货膨胀就要通过实行紧缩性的财政政策和紧缩性的货币政策减少总需求。紧缩性的财政政策是指通过增加财政收入或减少财政支出以抑制社会总需求增长的政策，它主要包括减少政府支出和增加税收。政府支出包括公共消费和公共投资，它们是总需求的组成部分，削减政府支出，等于直接减少总需求。增加个人所得税可以减少家庭的可支配收入，从而降低家庭开支；增加公司所得税，可以减少投资需求和个人消费支出。

紧缩性的货币政策是通过降低货币供应的增长率来降低总需求水平，在这种政策下，取得信贷较为困难，利率也随之提高。它是治理由货币因素引起的需求拉动的通货膨胀的较好办法。紧缩性货币政策主要包括提高法定准备率、提高再贴现率、卖出政府债券等，其基本作用在于提高信贷成本和减少信贷可供量，对需求拉动的通货膨胀无疑是一个彻底的打击，尤其是在治理投资需求拉动的通货膨胀时收效迅速。

需要注意的是，利用紧缩性财政政策和货币政策抑制通货膨胀时，必须确定通货膨胀是起因于需求拉动，并且经济已处于充分就业状态。现实的情况是，需求拉动的通货膨胀有时在实现充分就业前可能就已经出现，这时如果实行紧缩性政策，特别是紧缩性的货币政策，虽然能使通货膨胀率降低，但也会造成经济停滞和失业。

2. 收入政策

如果通货膨胀是由成本推动形成，或由成本推动与需求拉动混合而成，则紧缩性政策就显得无力，只能诉诸直接管制的收入政策。

收入政策的主要内容有：控制工资与物价以避免工会任意要求提高工资，增加生产成本；防止垄断企业哄抬物价。同时政府可配合调整外贸政策，降低关税，使进口商品价格降低，从而缓解物价上涨的压力。

3. 指数化

指数化是根据物价指数对工资的一种校正，从而使公众在通货膨胀后仍然拥有相同的购买力。紧缩性财政政策、紧缩性货币政策和收入政策旨在追求物价的稳定，而指数化旨在减少物价上涨的影响。指数化包括债券指数化、税收指数化和工资指数化。例如，采用工资指数化抵消了通货膨胀对人们生活水平和实际收入的影响，使人们的生活水平不至于因通货膨胀而下降；同时，也可以减少人们对通货膨胀的恐惧心理，抵消通货膨胀预期对经济的不利作用；此外，还可以促进工资合同的长期化，有利于劳动关系的稳定。这些对经济发展和社会安定都有积极作用。20 世纪 70 年代，通货膨胀率相对较高的国家多使用指数化的办法应对通货膨胀。

任务实施

通常用 CPI 来衡量通货膨胀的程度，CPI 同比增幅 4% 是预警值。按照该标准，自

2007 年 7 月起 CPI 连续多月超过 6%，意味着已经处于通货膨胀的边缘。2008 年 2 月 CPI 值为 108.7%，同比增幅超过了 8%，说明已经是通货膨胀。

通货膨胀的负面影响主要表现在以下方面：

1. 增加经济环境的不确定性，进而对经济发展产生消极的影响

通货膨胀增加了经济环境的不确定性（如价格波动、价格信息失真），扭曲了资源的配置，引发了投机，进而对经济发展产生消极的影响。另外，更多的资源和时间将用于通货膨胀的预测与治理，也会浪费资源和扭曲社会资源的配置。

2. 使人们对货币产生不信任，从而在经济活动中放弃使用货币

持续变动、无法预期的通货膨胀必然使人们对货币产生不信任，从而在经济活动中放弃使用货币。如人们大量购买实物资产来减少货币持有量，从以货币为媒介的交易向直接的易货交易转变，这实际上是放弃了货币工具的经济效率。恶性的通货膨胀可能会导致一国货币制度和政府的崩溃。

3. 对国际收支产生不利的影响

当某国的通货膨胀率高于其他国家时，其在世界市场上的产品价格会提高，这将削弱该国商品在国际市场的竞争力，从而产生或增加国际收支逆差。

总之，未预计到的通货膨胀是破坏性的，对于能预计到的通货膨胀，其利与弊的判断也是不确定的。因此，许多经济学家认为，维持物价稳定或控制通货膨胀是政府主要的政策目标。

思考题

1. 什么是通货膨胀，通货膨胀如何衡量？
2. 通货膨胀有何负面影响？
3. 如何治理通货膨胀？

知识链接

菲利普斯曲线

英国经济学家菲利普斯通过研究 1861—1957 年英国失业率与货币工资增长率的统计资料，做出了一条表示失业率与工资变动率之间关系的曲线，这条曲线就被称为菲利普斯曲线。菲利普斯曲线是一条向右下方倾斜的曲线，它揭示出失业率与货币工资之间存在着一种反向关系：当失业率较低时，货币工资趋向上升；当失业率较高时，货币工资趋向下降。

后来，经过凯恩斯主义主流学派的萨缪尔森等人的改造，菲利普斯曲线中的工资变动率变为通货膨胀率。萨缪尔森认为，经过他们改造的菲利普斯曲线，可以阐明失业率与通货膨胀率之间的交替关系，也即：低水平的失业率，伴随着高水平的通货膨胀率；反之，低水平的通货膨胀率，对应着高水平的失业率。

模块九　宏观经济政策

任务 1　财政政策作用的发挥

知识目标

- 掌握财政政策的工具
- 掌握内在稳定器
- 掌握扩张性财政政策和紧缩性财政政策

能力目标

- 能够分析现实生活中的财政政策问题

任务引入

为促进我国证券市场的健康发展，财政部曾多次调整股票交易印花税。例如，财政部曾在 2007 年 5 月 30 日，将证券（股票）交易印花税税率由 1‰调整为 3‰。即对买卖、继承、赠与所书立的 A 股、B 股股权转让书据，由立据双方当事人分别按 3‰的税率缴纳证券（股票）交易印花税。股票交易印花税在 2001—2008 年的历次调整情况见表 9—1—1。

表 9—1—1　　2001—2008 年股票交易印花税调整

调整时间	税率调整幅度	调整时间	税率调整幅度
2008 年 4 月 23 日	3‰调整为 1‰	2005 年 1 月 23 日	2‰调整为 1‰
2007 年 5 月 30 日	1‰调整为 3‰	2001 年 11 月 16 日	4‰调整为 2‰

问题：

1. 政府为什么要在几年间多次调整股票交易印花税？
2. 这样的政策调整会对社会经济造成什么影响？

任务分析

股票交易印花税是国家税收的一个组成部分，而税收是国家财政收入的主要来源，也是国家实施财政政策的一个重要手段。国家可以通过调整税收标准达到调控宏观经济的目的。调整股票交易印花税是国家财政政策的一种表现。本案例的实质是引导读者学习和了解财政政策工具的作用。

相关知识

一、财政政策工具

财政政策是指一个国家的政府为了达到预期的经济目标而对政府收入、政府支出和公债水平（政府以债务人的身份，采用信用方式向国内外取得的债务总量水平）所做出的决策，是国家干预经济的主要政策之一。

政府的支出和收入都可以用作财政政策工具。政府的支出主要包括购买性支出和转移支付，政府的收入主要通过税收取得，也可以通过发行公债来向国民借款，如图 9—1—1 所示。

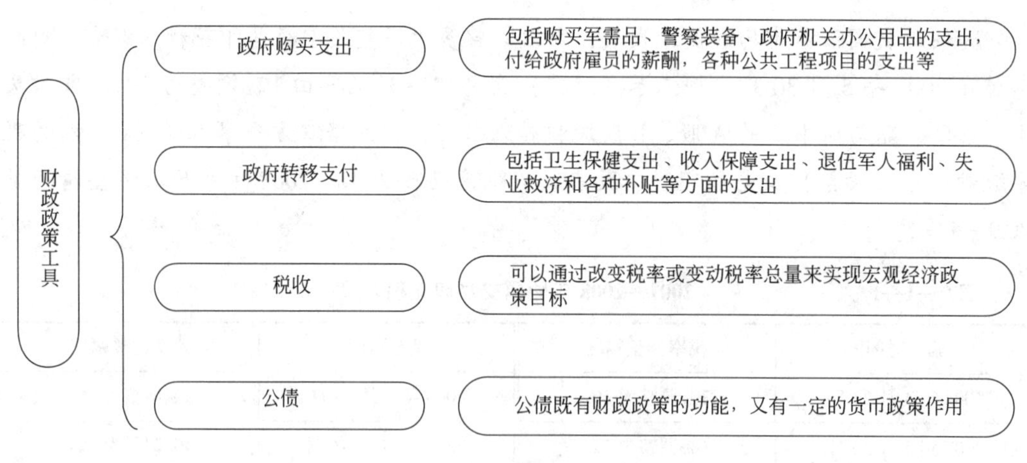

图 9—1—1　财政政策工具

1. 政府购买支出

（1）政府购买支出的内容

政府购买指政府购买商品和劳务，该项支出包括购买军需品、警察装备、政府机关办公用品的支出，付给政府雇员的薪酬，各种公共工程项目的支出等。政府购买大致有向居民购买劳务和向企业购买商品两种。由于政府购买发生了商品和劳务的实际交换，直接形成了社会总需求和实际购买力，是国民收入的一个重要组成部分，因此是一种实质性的支出。它的大小是决定国民收入水平高低的重要因素之一，直接关系到社会总需求的规模。

（2）政府购买支出的运用

政府购买支出的变动对整个社会总支出水平起着举足轻重的调节作用。改变政府购买性支出水平是财政政策的强有力手段之一。政府购买支出的运用见表 9—1—2。

表 9—1—2　　政府购买支出的运用

方式	应用条件	具体手段	目标
增加政府购买性支出	社会总支出水平过低，有效需求不足，失业严重	兴办学校、增加教育投入、举办公共工程等	增加整个社会的总需求水平，减少失业
减少政府购买性支出	社会总支出水平过高，有效需求过旺，存在通货膨胀	减少办公用品支出、控制公共工程等	降低社会的总体有效需求，抑制通货膨胀，达到充分就业

2. 政府转移支付

（1）政府转移支付的内容

与政府购买性支出不同，政府转移支付是指政府的社会福利等支出，如卫生保健支出、收入保障支出、退伍军人福利、失业救济和各种补贴等方面的支出。转移支付也是政府支出的重要组成部分，是一项重要的财政政策工具。

（2）政府转移支付的运用

政府转移支付的增减对整个社会总支出同样具有重要的调节作用。政府转移支付的变动可以达到总供给与总需求的均衡，实现经济持续稳定增长。政府转移支付的运用见表 9—1—3。

表 9—1—3　　政府转移支付的运用

方式	应用条件	具体手段	目标
增加政府转移支付	社会总支出水平不足，有效需求不足，失业严重	增加卫生保健支出、收入保障支出、退伍军人福利、失业救济和各种补贴支出等	提高社会福利水平，增加公众可支配收入，增加整个社会的有效需求水平，减少失业
减少政府转移支付	社会总支出水平过高，有效需求过旺，存在通货膨胀	减少卫生保健支出、收入保障支出、退伍军人福利、失业救济和各种补贴支出等	降低社会福利水平，减少公众可支配收入，降低社会的总体有效需求，抑制通货膨胀，达到充分就业

3. 税收

（1）税收的类别

税收是个人和企业不能等价交换商品和服务而给予政府的非自愿的支付。在政府的收入中，税收是最主要的部分。国家财政收入的增长在很大程度上源自税收的增长。税收的类型主要有：

根据课税对象的不同，税收可以分为财产税、所得税和流转税三类。财产税是指对纳税人的动产和不动产课征的税收。许多国家对财产的赠与或继承征税，有些国家还对纳税人的净财产（资产减去负债）征税，称之为个人财产税。所得税是指对个人和公司赚取的所得课征的税收。在西方政府税收中，所得税占有的比例较大，因此，其税率的变动对社会经济生活会产生巨大的影响。流转税是指对流通中的商品和劳务的交易额课征的税收，增值税是其中主要的税种之一。

根据收入中被扣除的比例，税收可分为累退税、累进税和比例税。累退税是指税率随征税客体总量增加而递减的一种税。比例税是指税率不随征税客体总量变动而变动的一种税，即按一个统一的税率从收入中征收，多适用于流转税和财产税。累进税是指税率随征税客体总量增加而增加的一种税。西方国家的所得税大部分属于累进税。这三种类型的税通过税率的变动反映了赋税负担轻重和税收总量的关系，因此，税率的高低以及变动的方向对经济活动如个人收入、个人消费、企业投资、社会总需求等都会产生极大的影响。

税收既是国家财政收入的主要来源，又是国家实施财政政策的一个重要手段，它与政府的购买性支出和转移支付一样，具有乘数效应，即政府税收的变动对国民收入的变动具有成倍的影响。在讨论税收乘数时，一般要分清两种情况：一种是税率的变化对国民收入的影响，另一种是税收绝对量的变化对国民收入的影响。因此，既可以通过改变税率，也可以通过改变税收总量来实现宏观经济政策目标。例如，政府可以通过一次性减税即变动税收总量来达到刺激社会总需求的目的，还可以通过改变税率使社会总需求得以变动，以此达到预定的目标。

（2）税收的运用

税收的运用见表 9—1—4。当社会有效需求不足时，一般可采用减税这种扩张性的财政政策抑制经济的衰退；当出现需求过旺通货膨胀时，可通过增税这种紧缩性的财政政策防止经济过热。

表 9—1—4　　税收的运用

税率变化	税收收入变化	应用条件	目标
税率提高	税收增加	有效需求过旺，存在通货膨胀	社会总需求减少，国民收入水平降低
税率降低	税收减少	有效需求不足	个人和企业的消费和投资增加，社会总需求增加，国民收入水平提高

4. 公债

(1) 公债的内容

公债是政府向公众举借的债务，或者说是公众对政府的债权，它是政府财政收入的一个组成部分。公债是相对于私债而言的，其最大的区别就在于公债的债务人是拥有政治权力的政府。公债与税收不同，公债是以国家（或政府）信用为基础的，是政府以其信用向公众筹集财政资金的特殊形式。

(2) 公债的运用

政府发行公债，既可筹集财政资金，弥补财政赤字，又可以通过公债发行及其在资本市场上的流通来影响货币的供需，从而调节社会的总需求水平，对经济产生扩张或抑制性效应。因此，公债也是实现财政政策目标的工具之一。公债的运用见表 9—1—5。

表 9—1—5　　公债的运用

方式	应用条件	目标
增加公债发行	有效需求过旺，存在通货膨胀	对经济产生抑制性效应
减少公债发行	有效需求不足	对经济产生扩张性效应

二、内在稳定器

内在稳定器也称为自动稳定器，是经济中一种自动的作用机制，它可以自动地减少由于自发总需求变动引起的国民收入波动，使经济发展较为平稳。自动稳定器主要是指那些对国民收入水平的变化自动起到缓冲作用的财政调节工具，如政府税收等。在经济繁荣时它可以自动抑制通货膨胀，在经济萧条时它可以自动减轻萧条，而不需要政府采取任何措施。自动稳定器是通过以下几项因素发挥作用的：

1. 政府税收

税收特别是个人所得税和公司所得税是重要的自动稳定器。在经济萧条时期，国民收入水平下降，个人收入减少，在税率不变的条件下，政府税收会自动减少，而人们的可支配收入也会因此自动地减少。虽然萧条时期的消费和需求有一些下降，但会下降得少一些。例如，在累进税制下，由于经济萧条会造成国民收入降低，某些原来需要纳税的人不必再纳税，某些人则降到较低的纳税水平。个人纳税因为国民收入水平降低而减少，并且政府税收下降的幅度会超过国民收入下降的幅度，从而起到抑制经济萧条的作用。反之，在通货膨胀时期，失业率较低，人们收入增加，税收会因个人收入的增加而自动增加，个人可支配收入也会增加，但因此会少增加一些，从而使消费和总需求自动增加得少一些。在累进税制下，经济的繁荣使人们收入增加，更多的人因此会自动地达到较高的纳税水平。因此，政府税收上升的幅度会超过收入上升的幅度，从而使通货膨胀有所降低。此外，公司所得税也具有同样的作用。

表 9—1—6 是一个个人收入与个人所得税的例子，从中可以看到，税收会因个人收入的增加而自动增加，使得个人可支配收入由于税收的增加少增加一些，从而使消费和总需求自动增加得少一些，使通货膨胀有所降低。反之，收入降低时税收会自动减少，使得个人可支配收入由于税收的减少而少减少一些，从而刺激消费。

表 9—1—6　　某人个人收入和个税情况表　　元

项目＼月份	一月	二月	三月
工资	9 000	12 000	7 000
住房、养老、医疗、失业保险	1 000	1 500	800
费用扣除额	2 000	2 000	1 500
应纳个人所得税	475	925	280

2. 政府转移支付

这里所说的政府转移支付主要包括政府发放的失业救济金和其他社会福利支出。在经济出现衰退和萧条时期，由于失业人数增加，领取失业救济金的人数相应增加，政府转移支付会自动增加，从而使得人们的可支配收入会增加一些，进而可以抑制经济萧条，起到促进经济增长的作用。反之，当经济过热产生通货膨胀时，由于失业率降低，领取失业救济金和各种补贴的人数减少，政府转移支付会因此自动减少，从而自动抑制可支配收入的增加，使消费和总支出减少，起到使经济降温和遏制通货膨胀的作用。

3. 农产品价格维持制度

在经济萧条时期，国民收入水平下降导致社会整体价格水平降低，农产品价格也下降。政府为了抑制经济衰退，依照农产品价格维持制度，按支持价格收购农产品，使农民收入和消费维持在一定水平上，不会减少太多，也能起到刺激消费和总需求的作用。当经济繁荣时，国民收入水平提高使社会整体价格水平上升，农产品价格也因此上升。这时政府减少对农产品的收购并售出库存的农产品，平抑农产品价格，无形中抑制了农民收入的增加，从而降低了消费和总需求水平，能起到抑制通货膨胀的作用。

税收、政府转移支付和农产品价格维持制度在一定程度上对宏观经济运行起到了稳定的作用，成为财政制度的内在稳定器和防止经济大幅度波动的第一道防线。但必须指出，各种自动稳定器的效果是有限的。

三、扩张性财政政策与紧缩性财政政策

1. 扩张性财政政策

扩张性财政政策即增加政府支出、减少政府税收或二者双管齐下，以刺激总需求，

解决衰退和失业问题。扩张性财政政策主要通过减税、增支进而扩大赤字的方式实现。当经济处于萧条状态时，失业增加，价格水平下降，政府应采取扩张性的财政政策，扩大财政支出，减少财政收入，从而刺激总需求。

2. 紧缩性财政政策

紧缩性财政政策即减少政府支出、增加政府税收或二者双管齐下，以抑制总需求，解决通货膨胀问题。紧缩性财政政策主要通过增税、减支进而压缩赤字或增加盈余的方式实现。当经济处于繁荣状态时，总支出大于总收入，就业增加。当经济过热、通货膨胀率过高时，政府应当采取紧缩性财政政策，压缩财政支出，增加财政收入，从而抑制总需求。

3. 相机抉择的财政政策

相机抉择的财政政策也称能动的财政政策，是指政府根据经济运行状况逆经济风向采取的改变财政支出水平和财政收入水平的政策。

究竟什么时候采取扩张性的财政政策，什么时候采取紧缩性的财政政策，应当由政府根据经济发展形势权衡和决策。当总需求小于总供给，产生衰退和失业时，政府应采取刺激总需求的扩张性财政措施；当总需求大于总供给，产生通货膨胀时，政府应采取抑制总需求的紧缩性财政措施。简而言之，就是要“逆经济风向行事”。

在需求不足导致经济增长乏力甚至经济萎缩时，市场经济国家一般采用扩张性的财政政策和相对宽松的货币政策两大调控手段。一般来说，在经济的扩张阶段，宽松的货币政策对经济总量的调节作用比较明显，可以直接促进经济的增长；而在经济相对收缩阶段，宽松的货币政策对经济的刺激作用则比较微弱。扩张性的财政政策由于能直接扩大社会需求，不需要中间传导过程，因而对经济增长的拉动作用较为明显。

【例 9—1—1】　克林顿的紧缩性财政政策

美国前总统克林顿上台伊始，实施以增加经济增长潜力与削减非生产性支出同时并举为特征的结构性财政政策，大刀阔斧地展开以减少财政赤字为核心的振兴经济计划，将公共支出和私人开支的重点从消费转向投资，并支持对未来美国人的就业和收入进行投资的计划，同时增税节支，提高效率。

在减少财政开支的同时，政府增加了对以交通、通信为主的基础设施的投资，为私人资本投资创造了良好的投资环境。政府还加大了对教育和科技的投入，推动经济转型。政府把提高美国的技术竞争力放到议事日程上，并且出台了一系列措施，如增加科技研究和开发经费。

克林顿的紧缩性财政政策效果明显。美国 1992 年财政赤字为当时的历史最高纪录，达 2 900 亿美元；1997 年的财政赤字已经降至 23 年的最低点，为 220 亿美元；1998 年美国出现了 29 年来的首次联邦财政盈余，约 630 亿美元。财政赤字的减少，增加了市场的资本供应量，促使长期利率下降并保持较低水平，从而刺激了企业投资和生产的扩大。同时政府对高新技术产业采取的财政支持和税收优惠，对高新技术产业的发展起到了巨大的推动作用，促进了产业结构的升级，提高了劳动生产率，带动了经济持续增长，使美国经济在发达国家中保持领先地位。

四、宏观经济政策的目标

宏观经济政策是指国家或政府为了增进整个社会经济福利，改善国民经济的运行状况，达到一定的政策目标而有意识和有计划地运用一定的政策工具制定的解决经济问题的指导原则和措施。

宏观经济政策目标是指宏观经济政策最终所要达到的目的。宏观经济政策的目标主要包括充分就业、物价稳定、经济增长和国际收支平衡四大目标。

1. 充分就业

充分就业是宏观经济政策的首要目标。它一般指一切生产要素（包括劳动）都有机会以自己愿意的报酬参加生产的状态。但是由于测量各种经济资源的就业程度非常困难，因此西方经济学家通常把失业情况作为衡量充分就业与否的指标。

2. 物价稳定

物价稳定就是避免或减少通货膨胀，但并不是要求通货膨胀率为零。物价稳定是指整体物价总水平的稳定。在任何一个社会中，由于各种经济和非经济因素的影响，物价都不可能保持在一个固定不变的水平上。一般来说，随着经济的发展会有一些或高或低的通货膨胀，因此，物价稳定并不意味着每种商品和劳务的价格固定不变。

对市场的调控历来有两种，一是政府“有形的手”，二是市场“无形的手”。一般情况下，政府“有形的手”往往是结合市场“无形的手”共同起作用的。以国家对猪肉价格的调控为例，政府出台鼓励生产的政策，加大财政扶持力度，如实施能繁母猪保险政策等，无一不是利用政府“有形的手”来刺激生产，最终让市场“无形的手”起作用，从而让猪肉价格自然回落。

3. 经济增长

经济增长通常是指在一个较长的时间跨度上，一个国家或地区人均产出（或人均收入）水平的持续增加。经济增长率的高低体现了一个国家或地区在一定时期内经济总量的增长速度，也是衡量一个国家或地区总体经济实力增长速度的标志。决定经济增长的直接因素有投资量、劳动量和生产率水平。用现价计算的 GDP 可以反映一个国家或地区的经济发展规模，用不变价计算的 GDP 可以用来计算经济增长的速度。

4. 国际收支平衡

国际收支平衡是指既无国际收支赤字又无国际收支盈余。从长期看，一国的国际收支状况无论是赤字还是盈余，对该国经济的稳定发展都会产生不利的影响，会对其他宏观经济目标的实现造成障碍。具体说来，若国际收支长期处于盈余状态，会减少国内消费与投资，使社会总需求减少，不利于实现充分就业和经济持续稳定增长；如果出现长期的国际收支赤字，赤字将由外汇储备或通过对外举债偿还，必将导致国内通货膨胀的发生。

从长期来看，这四项宏观经济政策目标之间是相互促进的。经济增长是实现充分就业、物价稳定和国际收支平衡的物质基础；物价稳定又是经济持续稳定增长的前提；国际收支平衡有利于国内物价的稳定，有利于利用国际资源扩大本国的生产能力，加速本国经济的增长；充分就业本身就意味着资源的充分利用，这当然会促进本国经济的增长。但是，在短期内，从迄今为止各国的宏观经济政策实践来看，这几个目标并不总是一致的，而是存在着矛盾。

经济政策目标之间的矛盾给制定宏观经济政策带来了一定的困难，但宏观经济政策是为了全面实现这四个宏观经济政策目标，而不仅仅是要达到其中某一两个目标。因此，需要考虑各种因素对各种政策目标进行协调。

任务实施

股票交易印花税是国家税收的一个组成部分，国家可以通过调整征税标准达到调控宏观经济的目的。将股票交易印花税由1‰调整为3‰，这是国家财政政策的一种表现。

这次上调印花税的背景是，当时股票市场过热，投机炒作气氛很浓。上调印花税，会增加税收，减少个人和企业的消费和投资，在一定程度上使整个社会的总需求和国民收入减少。

当经济热的时候增加税收，当经济冷的时候减少税收，这符合税收工具的使用方式，也符合财政政策调控经济的职能。

而2008年4月23日将印花税由3‰调整为1‰，背景是当时股市十分低迷。调低印花税税率会减少交易成本，可以增加股市的活跃程度，促进股市的发展。

多次调整股票交易印花税是国家实施财政政策的一种表现。国家通过出台各种财政政策，调整财政政策工具实现充分就业、经济增长、物价稳定和国际收支平衡的宏观调控目的。

思考题

1. 财政政策工具有哪些？

2. 扩张性财政政策在何种情况下使用？

3. 宏观经济政策的目标主要包括哪些？

知识链接

印花税

印花税是对经济活动和经济交往中书立、领受的凭证征收的一种税。印花税的征税对象是《印花税暂行条例》所列举的各种凭证。印花税由凭证的书立人、领受人缴纳，是一种兼有行为性质的凭证税。印花税具有征收面广、税负轻、由纳税人自行购买并粘贴印花税票完成纳税义务等特点。

经济生活中的各种商事凭证、权利证照、会计账簿种类繁多，《印花税暂行条例》对应征税的凭证明确地做了列举，没有列举的则不征税。应纳税凭证有五大类：①购销、加工承揽、建设工程承包、财产租赁、货物运输、仓储保管、借款、财产保险、技术合同或者具有合同性质的凭证；②产权转移书据，包括财产所有权和版权、商标专用权、专利权、专有技术使用权等转移书据；③营业账簿，包括单位和个人从事生产经营活动所设立的各种账册；④权利、许可证照，包括房屋产权证、工商营业执照、商标注册证、专利证、土地使用证；⑤经财政部确定征税的其他凭证。

由于目前同一性质的凭证名称各异，不够统一，因此，不论以任何形式或名称书立，只要其性质属于《印花税暂行条例》列举的征税范围的，均应对其照章征税。有些业务部门将货物运输、仓储保管、银行借款、财产保险等单据作为合同使用的，亦应按照合同凭证纳税。

任务 2　货币政策作用的发挥

知识目标

- 掌握货币政策工具
- 掌握货币政策目标
- 掌握货币创造机制
- 掌握货币政策的传导机制

能力目标

- 能够分析现实生活中的货币政策是如何发挥作用的

任务引入

2008 年 6 月 7 日，央行宣布上调存款类金融机构人民币存款准备金率 1 个百分点，于 2008 年 6 月 15 日和 25 日分别按 0.5 个百分点上调。这是 2008 年央行第 5 次动用这一货币政策工具，也是自 2007 年以来第 15 次上调存款准备金率。这次调整后，普通存款类金融机构将执行 17.5%的存款准备金率标准。2006—2008 年存款准备金率的历次调整情况见表 9—2—1。

表 9—2—1　　2006—2008 年存款准备金率调整情况

时间	调整前（%）	调整后（%）
2008 年 6 月 25 日	17	17.5
2008 年 6 月 15 日	16.5	17
2008 年 5 月 20 日	16	16.5
2008 年 4 月 25 日	15.5	16
2008 年 3 月 25 日	15	15.5
2008 年 1 月 25 日	14.5	15
2007 年 12 月 8 日	13.5	14.5
2007 年 11 月 26 日	13	13.5
2007 年 10 月 25 日	12.5	13
2007 年 9 月 25 日	12	12.5
2007 年 8 月 15 日	11.5	12
2007 年 6 月 5 日	11	11.5
2007 年 5 月 15 日	10.5	11
2007 年 4 月 16 日	10	10.5
2007 年 2 月 25 日	9.5	10
2007 年 1 月 15 日	9	9.5
2006 年 11 月 15 日	8.5	9
2006 年 8 月 15 日	8	8.5
2006 年 7 月 5 日	7.5	8

问题：

1. 央行为什么要多次调整存款准备金率？
2. 存款准备金率的变化会对经济产生什么样的影响？

任务分析

存款准备金是为限制金融机构信贷扩张，保证客户提取存款和资金清算需要而准备的资金。一般存款准备金率上升和利率上升，都是货币紧缩政策的信号。本案例实质是引导读者认识国家如何运用存款准备金率和其他的货币政策工具来达到调控宏观经济的目的。

相关知识

一、中央银行的货币政策工具

一国的中央银行运用货币政策工具来控制货币供给量，再通过货币供给量来调节利率，进而影响消费、投资和整个宏观经济活动，以达到一定经济目标的行为就是货币政策。常见的货币政策工具主要有法定准备率、再贴现率和公开市场操作。

1. 法定准备率

法定准备率即法定存款准备金率，是商业银行根据规定存在中央银行的准备金占其所吸收存款的比率。它是中央银行控制货币供给量的有力工具。

由于法定准备率变动与市场上货币供给量的变动为反比关系，因此，中央银行可以针对经济的发展状况和银根的松紧状况调整法定准备率。例如，在社会总需求不足和经济衰退的情况下，如果中央银行认为需要增加货币供给量，就可以降低法定准备率，使所有的存款机构只需要保留较少的准备金。在货币创造乘数的作用下，整个货币市场上的货币供给量会成倍增加。降低法定准备率，实际上是增加了银行的可贷款数量。提高法定准备率，就等于减少了银行的可贷款数量。

从理论上讲，变动法定准备率是中央银行调整货币供给量的一种最简单的手段。然而，中央银行一般不轻易使用法定准备率这一政策工具，原因在于信贷、存款量、准备金量之间存在着乘数放大的关系，而乘数的大小与法定准备率成反比，因此，法定准备率的任何一个很微小的变化，都会对金融市场和信贷状况产生强烈的影响。法定准备率的运用情况见表9—2—2。

表9—2—2　　法定准备率的运用

条件	方式	目标
出现需求不足和经济衰退	降低法定准备率	只要求存款机构保留较少的准备金，增加了银行的可贷款数量，整个货币市场上的货币供给量会成倍增加

续表

条件	方式	目标
出现超额需求和通货膨胀	提高法定准备率	要求存款机构保留较多的准备金，减少了银行的可贷款数量，整个货币市场上的货币供给量会大幅减少

2. 再贴现率

再贴现率是商业银行将其贴现的未到期票据向中央银行申请再贴现时的预扣利率。再贴现意味着商业银行向中央银行申请贷款，从而增加了货币投放，直接增加货币供应量。再贴现率的高低不仅直接决定再贴现额的高低，而且会间接影响商业银行的再贴现需求，从而影响再贴现整体规模。

再贴现政策的作用主要是调节贷款条件的松紧程度和影响信贷的成本。中央银行提高再贴现率，意味着商业银行向中央银行贷款的成本增加，这将减少商业银行向中央银行贷款的需求，造成货币市场信贷规模收缩，在货币创造乘数的作用下，使货币供给量大幅减少；当降低再贴现率时，商业银行向中央银行贷款的成本就会降低，这会刺激商业银行向中央银行贷款的需求，导致市场信用扩张。在货币创造乘数的作用下，货币供给量会大幅增加。中央银行调整再贴现率，不仅直接影响商业银行的筹资成本，同时还间接地影响商业银行对企业和个人发放贷款的数量，从而对企业、个人的投资与消费产生影响。

再贴现率对货币供给的影响机制大体可概括为：再贴现率上升，商业银行向中央银行的贷款则会下降，货币供给量有所减少；再贴现率下降，商业银行向中央银行的贷款有所上升，货币供给量将增加。再贴现率的变动与货币供给量的变动为反比关系，同市场利率的变动为正比关系，见表 9—2—3。

表 9—2—3　　再贴现率的运用

条件	方式	目标
出现超额需求和通货膨胀	提高再贴现率	贷款成本增加，货币市场信贷规模收缩，货币供给量大幅减少
出现需求不足和经济衰退	降低再贴现率	贷款成本降低，货币市场信贷规模扩张，货币供给量成倍增加

3. 公开市场操作

公开市场操作是指中央银行通过在金融市场上公开买卖政府债券，以控制货币供给量，影响利率、消费与投资即总需求而最终达到预定经济目标的政策行为。

若经济萧条，失业问题严重，中央银行认为有放松银根的必要，就会在公开市场中买进政府债券，从而增加基础货币。因为当中央银行从商业银行、投资银行、保险公司、基金、国外投资者等处买入政府债券，货币将从中央银行手中转入这些债券持有人手中，这样就等于在市场上增加了流通的货币，即增加了货币供给量；同时，中央银行买入政府债券会减少市场上的债券数量，使债券价格上升，利率下降，此时公众便会增加货币的持有量，这样也会导致货币供给量增加。货币供给量的增加会使企业投资和公众消费增加，提高总需求水平，遏制经济衰退，减少失业。

当经济形势的发展使中央银行认为有收缩银根的必要时，它会在公开市场上出售政府债券。这一行动减少了银行系统的基础货币（包括银行的存款准备金和公众手持的现金），同时，由于政府出售债券，债券价格因供给量过大而下降，利率上升，企业投资减少，公众储蓄增加而消费减少，最终导致总需求水平降低，从而遏制经济过热，降低通货膨胀率。

公开市场操作在西方国家特别是美国被认为是最有效、最灵活的货币政策工具，也是最常使用的货币政策工具。

二、货币政策目标

货币政策目标包括最终目标和中间目标。

1. 最终目标

最终目标也称政策变量，是政府实施货币政策所要影响的变量，实际上也是政府实施货币政策的最终目标。一般来说，货币政策的最终目标是影响实际国民生产总值和物价水平。

2. 中间目标

中间目标处于最终目标和政策工具之间，是中央银行为实现最终目标而设置的可供观测和调整的指标。

中央银行之所以要设置中间目标，是因为当其决定使用政策工具时，不能确切预知政策变量正在或将会发生什么样的变化。具体地说，从政府决策到政策工具发生作用，影响最终目标要经过一段“时滞”，这个时间差少则几个月，多则一年以上。在这段时间内形势可能会发生变化，政策变量也会因此改变，这时再改变政策工具已经没有意义，政府苦心制定和实施的经济政策难以奏效。因此，要使货币政策发挥应有的效力，实现最终目标，政府必须找到一些可供观察和控制的变量，这些变量能够在短期内显现出来并与货币政策的最终目标高度相关，这些变量就是中间目标。

合适的中间目标必须符合两个条件：第一，变量的有关信息及时、灵活，具有良好的可控性；第二，变量的变动必须和最终目标具有高度相关性，通过变量的变化可以预计最终目标的变化。最符合这两项条件并且普遍被采用的中间目标是货币供给量和利率。

三、商业银行的货币创造

银行体系创造货币的过程见表 9—2—4。假定每位贷款人取得贷款后，会全数存在其支票存款账户中以供临时取用，银行的法定存款准备金率为 α，$0<\alpha<1$，银行只做存、贷款业务。假设每一个人都有自己的银行往来账户，某甲在 A 银行有账户，某乙在 B 银行有账户。如果一开始甲有 10 000 元，存入 A 银行，故 A 银行存款增加 10 000 元，准备金留下 $10\,000\times\alpha$ 元。A 银行将剩余 $10\,000\times(1-\alpha)$ 元贷给乙。乙将所贷的 $10\,000\times(1-\alpha)$ 元存入 B 银行，以供随时取用，故 B 银行存款增加 $10\,000\times(1-\alpha)$ 元，留下准备金 $10\,000\times(1-\alpha)\times\alpha$ 元，再将剩余 $10\,000\times(1-\alpha)^2$ 元贷给丙。丙将所贷的 $10\,000\times(1-\alpha)^2$ 元存入 C 银行，C 银行存款增加 $10\,000\times(1-\alpha)^2$ 元，留下准备金 $10\,000\times(1-\alpha)^2\times\alpha$ 元，再将剩余的 $10\,000\times(1-\alpha)^3$ 元贷给丁……如此延续下去，故银行体系的总存款会因各银行存款的增加而增加。

表 9—2—4　　银行体系创造货币的过程

个人＼银行	A	B	C	…
甲	存 10 000 ↓贷 $10\,000\times(1-\alpha)$			
乙		存 $10\,000\times(1-\alpha)$ ↓贷 $10\,000\times(1-\alpha)^2$		
丙			存 $10\,000\times(1-\alpha)^2$ ↓贷 $10\,000\times(1-\alpha)^3$	
⋮				…

银行体系的货币总创造额

$$=\text{A 银行存款增加}+\text{B 银行存款增加}+\text{C 银行存款增加}+\cdots$$
$$=10\,000+10\,000\times(1-\alpha)+10\,000\times(1-\alpha)^2+10\,000\times(1-\alpha)^3+\cdots$$
$$=10\,000\times\frac{1}{1-(1-\alpha)}$$
$$=10\,000\times\frac{1}{\alpha}$$

因为法定存款准备金率 α 小于 1，所以最初的 10 000 元在银行体系中可创造成 $10\,000\times\frac{1}{\alpha}$元，共增大了$\frac{1}{\alpha}$倍，因此银行体系有创造货币的功能。其主要原因就是存款准备金制度的存在，当存款准备金率越小时，货币创造的倍数越大。例如，若 $\alpha=0.2$，则银行体系会创造出 5 倍的货币数量。

四、货币政策传导机制

货币政策主要是通过对货币供给量的调节来调整利率，再通过利率的变动来影响总需求。因此，凯恩斯货币政策的机制就是：

货币量⟶利率⟶总需求

在这种货币政策中，政策的直接目标是利率，利率的变动通过货币量的调节来实现，所以调节货币量是手段。调节利率的目的是要调节总需求，所以总需求变动是政策的最终目标。

了解货币政策的传导机制必须弄清楚两个问题：一是货币量如何影响利率，二是利率如何影响总需求。

根据凯恩斯的观点，货币量之所以可以调节利率，是以假设人们的财富只有货币与债券这两种形式为前提的。在这一假设之下，债券是货币的唯一替代物，人们在保存财富时只能在货币与债券之间做出选择。持有货币无风险，但也没有收益；持有债券有收益，但也有风险。人们在保存财富时总要使货币与债券之间保持一定的比例。如果货币供给量增加，人们就要以货币购买债券，债券的价格就上升；反之，如果货币供给量减少，人们就要抛出债券以换取货币，债券的价格就会下降。

债券价格的计算公式是：

$$\text{债券价格}=\frac{\text{债券收益}}{\text{利率}}$$

这就是说，债券价格与债券收益成正比，与利率成反比。因此，货币量增加，债券价格上升，利率就会下降；反之，货币量减少，债券价格下降，利率就会上升。

利率的变动会影响总需求。利率下降会减少投资者贷款所付的利息，从而降低投资成本，增加投资的收益。同时，利率的下降也会使人们更多地购买股票，从而使股票价格上升，而股票价格上升有利于投资。此外，利率的下降也会鼓励人们更多地消费。相反，利率的上升会减少投资和消费。

任务实施

存款准备金率越大，银行体系货币创造的倍数就越小。所以，央行调高存款准备金率是为了减小货币创造的倍数。通过减少货币供给量来提高利率，从而影响总需求，抑制经济过热和投资过热的现象。反之，央行调低存款准备金率是为了刺激经济发展。

$$\text{银行体系的货币总创造额}=\text{基础货币额}\times\frac{1}{\alpha}$$

根据该公式，当法定存款准备金率为11.0%时，每增发10 000元基础货币，

$$货币总创造额 = 10\ 000 \times \frac{1}{0.11} = 90\ 909.09(元)$$

即增发 10 000 元基础货币能创造出 90 909. 09 元的货币供给量。

当法定存款准备金率调整为 11. 5%时，每增发 10 000 元基础货币，

$$货币总创造额 = 10\ 000 \times \frac{1}{0.115} = 86\ 956.52(元)$$

即增发 10 000 元基础货币能创造出 86 956. 52 元的货币供给量。

也就是说，调高法定存款准备金率 0. 5 个百分点后，每增加 10 000 元基础货币，实际使创造的货币供给量减少了 90 909. 09−86 956. 52＝3 952. 57(元)。

在任务引入的案例中，央行多次上调存款准备金率，是由于当时市场上货币供应量过大，导致出现经济过热 、投资过热。根据货币传导机制，上调存款准备金率可以通过对货币供给量的调节来调节利率，再通过利率的变动来影响总需求。货币供给的减少，使得利率上升，投资者贷款所付的利息增加，从而增加了投资成本，减少了投资的收益。同时，利率的上升也会降低人们的投资意愿，抑制消费，从而抑制经济过热、投资过热的现象。

思考题

1. 货币政策工具有哪几种?
2. 举例说明商业银行的货币创造机制。
3. 货币政策的传导机制是什么?

知识链接

一、货币的职能

货币的职能也就是货币在人们经济生活中所起的作用。在发达的商品经济条件下，货币具有价值尺度、流通手段、贮藏手段、支付手段和世界货币五种职能。其中，价值尺度和流通手段是货币的基本职能，其他三种职能是在商品经济发展中陆续出现的。

货币作为价值尺度，就是货币以自己为尺度来表现和衡量其他一切商品的价值。

货币作为流通手段，就是货币充当商品交换的媒介。日常从商品买卖过程中所体现的货币的作用，就属于这一种，所以这种职能又叫购买手段。

货币作为贮藏手段，即可以作为财富的一般代表被人们储存起来。

货币作为支付手段，体现为借债还债、支付工资以及交纳税款等多种形式。

货币作为世界货币，即可以在世界市场上发挥作用。

货币的各个职能之间存在着有机的联系，它们共同表现了货币作为一般等价物的本质。

二、财政政策和货币政策的混合使用

政府在进行需求管理时，一般根据不同的经济形势和各种政策措施的特点，灵活机动地选择一种或几种政策措施，使财政政策和货币政策相互搭配发挥作用。常见的政策搭配有：

1. "松松搭配"

即扩张性的财政政策与扩张性的货币政策搭配。如在经济萧条时期，政府可以同时运用减税、扩大政府支出、降低法定准备率、降低再贴现率和在公开市场上买进有价证券等措施，更大地刺激总需求，促进通货膨胀，降低失业率。

2. "紧紧搭配"

即紧缩性的财政政策与紧缩性的货币政策搭配。如在经济繁荣时期，政府可以同时运用增税、减少政府开支、提高法定准备率、提高再贴现率和在公开市场上卖出有价证券等措施，更加有效地抑制总需求，抑制通货膨胀，防止经济过热。

3. "松紧搭配"

即扩张性的财政政策与紧缩性的货币政策搭配，或紧缩性的财政政策与扩张性的货币政策搭配。如政府在压低失业率时，又采取措施防止通货膨胀；或在抑制通货膨胀时，又采取措施防止失业率上升。

此外，还包括对内与对外经济政策的协调配合使用。这既要注意国内政策对对外政策的影响，也要注意对外政策对国内政策的影响。只有这样，才能同时实现各项经济政策目标。